世界・自由・倫理

── 哲学的に考える

千田 芳樹
Yoshiki Chida

現代図書

はじめに

　本書は、哲学および倫理学に関する入門書です。はじめて哲学や倫理学という学問にふれる読者のために、極力あらかじめ必要な知識がなくとも読めるように書かれています。また、高等専門学校、短期大学、そして大学等での一般教養科目のテキストとしても用いることができる内容になっています。タイトルの『世界・自由・倫理』は本書の大まかな内容を表しています。前半部分のおよそ第1章から第3章までが世界を知ることに関わる理論的な内容にあてられており、いわゆる（理論）哲学と呼ばれる分野に相当しています。それに対して、後半部分の第3章から第5章までは世界で生きることに関わる実践的な内容にあてられており、倫理学（道徳哲学）などと呼ばれている分野を中心にあつかっています。（ちなみに第3章は前半と後半を接続する中間的な位置づけです）。その点で、本書は哲学および倫理学に関するひととおりの内容が網羅されています。ただし、それは哲学史というものではなく、むしろ哲学的、倫理学的な諸問題に直接入るように書かれていますから、読者は議論の筋道を追いながら、みずから思考してもらうことが意図されています。そのため、基本的には、哲学に関して初学者であっても、先に述べたとおり、背景とする知識なしでも読めるようになっているはずです。本書を通読すれば、哲学という学問が何を問題とし、その問題にどんな困難があると考えているかを理解できるようになっています。本書の各章の内容は以下のとおりです。

　第1章においては、私の主観的な体験から出発して、それがどのようにして私を超えて客観的な世界と結びついているのか、という問題からはじまっています。世界は私個人が死んでしまっても存続しているわけですが、その意味で世界は客観的に実在しているという信念をもっています。しかし、と

きに私の死は世界の消滅であるような気もします。そのような素朴な感覚から、私たちにとって主観的でもあり、客観的でもある世界の理解の仕方を明らかにしていきます。客観的な世界が私たち人間のあり方からは切り離せないものであることが論じられ、人間が世界をとらえるあり方をシンボルという語を使って説明しています。人間は文化的な存在者ですが、シンボルは文化的な世界を理解する枠組みを表しています。私たちは多種多様な文化的なシンボルを通じてさまざまな世界を実在的なものとしてとらえていると結論づけられます。

　第2章は、物体・心・人格と題されており、冒頭で世界の二つの要素としての心と物体の関係について考察しています。これは、もし世界が心と物体という二つの異なるものからなるとしたら、両者がどのように関係しているのかという心身問題とつながるものです。そして、心身問題は結局、世界がどのようなものであるかという世界観とも密接に関連しています。唯物論は世界が物体からなると主張し、心の独自な存在を否定します。反対に唯心論（観念論）は、物体を自立的なものと認めず、世界のすべては心と心が形成する観念からなると主張しています。けれども唯物論と唯心論はそれぞれに哲学的に説明の困難な問題に直面することになるでしょう。そこで第三の立場として物体と心は、世界に対する二つの見方（二面論）とする考え方を検討していきます。これらの検討を通じて、心と物体の関係を私たちの人格概念にまで問題の範囲を広げていきます。第2章で俎上に乗る問題はどれも難問ばかりで決定的な解決は望めそうにないかもしれません。しかしながら、未だ解決の見通しが立たないからこそ、みずから問題にひっかかりを感じて、思考してほしいと思います。

　第3章は、自由です。私たちは普段さまざまな物事を自分の意志で自由に選択していると思っていますが、哲学的に考えてみるとそのような自由が本当にあるとはいいきれません。ここで問題になるのが、自由と決定論の対立です。私たちは世界を原因と結果の結びつきで考えています。それが精密に

記述されたものとして自然科学があります。その観点からすると、世界はすべて因果的に決定されているように見えますが、もし私たちの行為が自由だとすると、それだけが因果的な決定から免れているのでしょうか。それは不合理に思われます。そのため、決定論的な文脈からは離れて自由をとらえる可能性を検討しなければなりません。そこで見出されるのが人間の社会的な文脈についてです。P・F・ストローソンという哲学者は、私たちが他者を自由だと見なすからこそ怒り、非難したりするととらえ、自由と決定論が両立できることを示そうとしました。本章はP・F・ストローソンの議論を踏まえつつ、社会的文脈のなかでの自由の可能性を論じていきます。自由と決定論は同一次元（自然科学）の概念と見なされるからこそ困難な問題が生じるのであって、異なる次元（自然科学と人間社会）のもとで用いられることで意味をなすということにほかなりません。このように自由概念の可能性を人間社会のあり方から探求していきます。

　第4章は、自由から倫理へと問題が移ります。自由な存在である私たちは、どのように生きるべきかという問題が避けられません。これは私個人がどのように生きるべきかという個別的な問いであると同時に、人はどのように生きるべきかという一般的な問いともなりえます。はじめに幸福と道徳との関係について検討されます。私たちは誰しもが幸福になることを望んで生きています。このことから「幸福に生きるべきである」と直ちに結論されるかというと、そうはなりません。幸福の内容が問題になるからです。幸福は「善いもの」だといえますが、その善いものが普遍的な仕方で定まるかどうかが哲学的問題になります。善いものは快楽であったり、道徳であったりさまざまだからです。功利主義は幸福を社会で最大化することを目指した思想ですが、他方で義務論は幸福というものが人それぞれだから道徳的義務にしたがって生きるべきだと主張します。けれども、ひとくちに義務といってもさまざまな分類の仕方もあります。人はどのように生きるべきかという問いには簡単な解決は望めませんが、哲学的に検討を加えることで、この問題を考

察していきます。第4章の倫理的問題に関しては議論が多岐にわたることもあり、明確な回答を与えていないものもありますので、読者の皆さんにはご自身で検討したり、他の文献にあたって考察を深めてくれることを期待したいと思います。

　最後の第5章では、正義についての哲学的考察をおこないます。これは倫理から政治への展開でもあり、また倫理と政治のちがいをあつかいます。政治は倫理と同様に他者の存在を前提とするものですが、政治は他者とともに生きていくうえでの共同体を生成していくプロセスと関わっています。そこで、ここでは二人から三人へ、他者が増えていくごとにどのような合意や取り決めによって共同体が形作られていくのか、思考実験を用いながら順々に明らかにしていきます。複数人が一つの共同体のなかで生きていくなかでは、個人的な利益（私益）とは別に全員の利益（公益）というものがどのようにして合意されていくかが重視されるようになってきます。こうした共同体の形成のなかで、全員の合意を重視する民主主義的な体制こそが公益の実現にとって意義があることを提示していきます。そこで問題となるのが多数者の専制であり、これは結果的に全員の合意という民主主義と矛盾するものであることが論じられます。さらに、苦痛をもたらすこと、残酷なことは、共同体のメンバーを超えて、国際的な枠組みに拡張されうることが考察されます。

　なお、巻末には注で言及した参照文献の一覧がありますが、なるべく一般の読者や学生に入手可能で安価なものにするように心がけました。翻訳であっても原典に触れることは哲学的な思索を深めるきっかけとして有効だと思いますので、気になった議論の参考にしていただければと思います。本書は哲学と倫理学の主要かつ広範な問題をあつかうものです。そのため、各章でさらに詳しく議論を展開すべきことがあることを否定するものではありません。それぞれの議論を理解し、それを批判するプロセスを経て、自分自身の哲学の血肉としてもらえれば幸いです。

目　次

はじめに ·· iii

第1章　世　界
---

1. 私の視点 ··· 1
2. 想像、夢、記憶 ··· 4
3. 観念的存在・感覚的存在・物理的存在 ································· 7
4. 日常的な世界　──客観性と間主観性のあいだ ························· 11
5. 実在とシンボル ··· 15
6. 実在と人間 ··· 18
7. シンボルの多元性と選択の問題 ······································· 20
8. 世界についての一元論、二元論、多元論 ······························· 24
9. 世界・私・共同性 ··· 26
10. 世界の多元性と豊饒性 ·· 28

第2章　物体・心・人格
---

1. 心と物を考える　──心身問題への導入 ······························· 31
2. 唯物論 ··· 34
3. 唯心論（観念論） ··· 37
4. 二面論　──スピノザとネーゲル ····································· 39
5. 人格とその同一性の問題 ··· 43
6. 他者の心という問題 ··· 47
7. 哲学と人間 ··· 51

第3章　自　由

1 ▌ 決定論と自由意志 · 53
2 ▌ ストローソンの反応的態度 · 57
3 ▌ 自由意志と責任 · 59
4 ▌ 欲求・意志・理性 · 64
5 ▌ 自由と他者 ——社会的な拘束性 · · · · · · · · · · · · · · · · · 67

第4章　倫　理

1 ▌ 自由から倫理へ · 71
2 ▌ 功利主義 ——ベンサム · 75
3 ▌ 社会的自由と快楽の質 ——Ｊ・Ｓ・ミル · · · · · · · · · · 80
4 ▌ 義務論 ——カント · 83
5 ▌ 義務のいくつかの種類 · 86
6 ▌ 利己主義と利他主義 · 92
7 ▌ 悪意ある行為 · 95
8 ▌ 徳と義務 · 97
9 ▌ 人間以外の存在への倫理 ——動物倫理 · · · · · · · · · · · 100

第5章　正　義

1 ▌ 倫理から政治へ ——社会契約という思考実験 · · · · · · · · · 105
2 ▌ 権力と国家 · 109
3 ▌ 「多数者の専制」と公益としての自由 · · · · · · · · · · · · 113

| 4 | 正義 ································· 116
| 5 | 正しさの判定 ——自由と格差をめぐって ········· 120
| 6 | 国家と教育 ······························ 122
| 7 | 国家を超えて ——人類の倫理 ················ 124
| 8 | 人間性の理念と多元的価値 ··················· 126

参照文献一覧 ································ 129
主な人物略歴 ································ 133
人名索引 ···································· 137
あとがき ···································· 139

第1章

世　界

1 ┃ 私の視点

　朝、カーテンの隙間から差し込む眩い光線が部屋を照らしだし、私は眠りから目を覚ます。横たえていたベッドや毛布の感触を覚え、それから部屋の周りにある事物が視界に入ってくる。と同時に、鳥のさえずりが聞こえてくる。意識の覚醒とともに世界は眼の前に広がっている。眠っている間は、確かに世界はなかったように思える（ここでは夢の問題はわきに置く）。こうして見ると、私の意識は世界そのものであるかのように錯覚するかもしれない。目覚めとともに世界は再び始まったのだろうか。もしそうであれば、眠りとともに世界はいったん終わる（あるいは休止する）のだろうか。いや、そんなことはありえないはずだ。私が眠ったり、目覚めたりすることで世界が始まったり、終わったりをくり返すわけではない。なぜなら、枕元の時計に目をやると、今の時刻は朝の7時ごろを指している。昨晩、眠りについたのは夜の12時前だった。私が眠っている間に、世界は紛れもなく存続し、およそ7時間進行していたのだ。もし、かりに私の眠りとともに世界がいったん終わって（休止して）いたならば、時計は眠る前と同じ12時前を指しているはずである（そして外は夜でなければならない）。そうなると、やはり私の意識が世界そのものであるという考えは、単なる錯覚だったということになる。

だが、ここで・こ・れ・は単なる錯覚だったということで簡単に済ませてしまってもよいのだろうか。このような錯覚が生じてしまうような理由があるのではないか。つまり、私たちの意識とその外の世界（外界）の関係性という理由である。さて、私たちは自分が熟睡している状態を想像することはできない。もちろん、自分の身体がベッドで眠っている状態を第三者的な視点から眺める想像はできる。そういう意味ではなくて、自分という意識の主体が熟睡している状態そのものを想像することはできないということである。同じように、昏睡状態や植物状態のような無意識そのものを想像することはできないし、死んでいる状態についてもそうである。無意識的な状態を想像しようとしても、無あるいは暗闇としかいいようのないものを漠然と思い浮かべてみる程度のものであろう。・無あるいは・暗・闇を思い浮かべたとしても、その状態は決して無意識的な状態（熟睡、昏睡、植物状態）や死んだ状態を想像していることにはならない。そのことを踏まえたうえで、私の性格や理性などといった人格を保持したまま・私・の・意・識だけを取り除いてみよう。すると今度は、私が他人とまったく同じようになってしまうにちがいない。つまり、私は第三者的な視点から、他人を見るように私自身の言動や振る舞いを眺めることになるであろう。とはいえ、このような思考実験はそもそも不合理である。というのも、もし私自身の意識が取り除かれてしまっているならば、根本的に第三者的な視点にすら立つことができないからである。これは、私が自分の死んだ後の世界を眺める視点をもっていないという状況に一番近い。そのとき、私と世界をつなぐものは何もない。

　このように考えると、世界にとって意識のもつ重要性が見えてくる。意識のかわりに「視点」という表現をしてみてもよいであろう。私は自分の「視点」からしか世界をとらえることはできず、誰かの「視点」になりかわって世界をとらえることはできない。私の眠りは私の「視点」が休止することで

ある。また、私の死は私の「視点」の消失であるかもしれない。[1]　いずれにせよ、私の「視点」は特権的であって他者の「視点」はどこまでいっても可能性にとどまる。というのも、私の「視点」は他者の「視点」に置き換わることができない以上、他者の「視点」はあくまで私の「視点」と・同・じ・よ・う・に・あ・り・う・るという想定の域を出ないからである。

　それでは私の「視点」の特権性とはいったい何なのか。それは朝に目覚めたときに世界があたかも再開したかのような、・そ・の・場・所・・・そ・の・時・に・占・め・て・い・る・位・置である。[2]　もちろん、これには幽霊のようなあり方と異なって、私の身体（物体）が世界の特定の位置（時間・空間）を占めることが不可欠である。私は自分の身体のもとで世界への「視点」をもつことができる。したがって、私の「視点」は当然ながら・私・の・身・体と切り離せない。世界の情報を獲得するためにも、視覚をはじめとした身体的器官がなくてはならない。他者とのコミュニケーションも身体があってはじめて可能である。[3]　私の「視点」と身体との関係については、心身問題として第2章で詳しくあつかう。

　さて、世界が持続していることと私の「視点」の関係は、どのようになっているのか。私が朝に目覚めたとき、世界は眠りに入った時点から変化して

---

1)　死は不可逆的なもの（つまり死んだ人が生き返ったことがない）であるため、消失であると断定はできない。もしかしたら、死後にまったく新たな世界で「視点」が開始するという可能性を（おそらく限りなく0に近いかもしれないが）否定することはできない。
2)　単なる物体は特定の場所・時間に位置を占めているが、特有の「視点」をもたないという点から区別されうる。
3)　幽霊が存在可能かは興味深い問いである。幽霊が見えるということは外界に存在しているか、それとも単なる妄想、錯覚かのどちらかであるが、前者ならば物理的な仕方で特定可能であるし、後者であるならばそれは外界ではなく主観的な産物にすぎないことになる。幽霊はいわゆる身体（物体）をもたないから、基本的に外界に存在する可能性はなく、生きた人間のようにコミュニケーションをとることもできないはずである。そうすると、幽霊と会話をするというのは、頭のなかで作りあげられた妄想のなかでコミュニケーションが成立していると思い込んでいるということになるのだろうか（妄想などは人間の脳の何らかの機能障害として客観的に確かめられるかもしれないが）。

いる（夜中から朝になった）。ごく当たり前のことだが、私が眠っている間にも世界は存続し、変化していた。だが、このことは、私の「視点」が世界にとっては何ら特権的ではないことを意味しているように見える。そもそも自分の死後のこと（例えば遺産や墓をどうするかなど）を気にかけたりするのは、私の「視点」と無関係に世界が持続することを信じているからこそであろう（自分の死とともに世界も消滅すると強固に信じているならば、遺言しておこうという考えをもちはしないはずである）。こうした世界の持続的なあり方のことを「実在」といってもよい。常識的に世界は私の「視点」から独立して存続する「実在」だと信じられている。それと対照的に私の「視点」に依存しているものは「観念」といえる。例えば、想像上の動物であるペガサスは、私の「視点」つまり私の想像のなかでしか存在していないという点で「観念」である。いうまでもなく、ペガサスが描かれた絵や彫像などは物体として「実在」している。けれども、生きた動物としてのペガサスそれ自体が「実在」しているわけではない。このように、「実在」が何であるかを考えるためにも、まずは私の「視点」に依存している「観念」について理解しておく必要がありそうである。

　ここに至って、私たちはすでに世界の認識という哲学的問題の入口に立っているのである。世界というものをどのようにとらえることができるのか、認識の観点から考えていこう。

2 ｜ 想像、夢、記憶

　前節で見たとおり、世界は私の「視点」から独立して存続している。つまり、世界は「実在」しているように思われた。しかし、想像上の動物（ペガサスなど）は私の「視点」に依存している（独立してない）がゆえに「実在」してはいないとされた。想像の他に私の「視点」に依存しているものとしては、眠っているときに見る夢も当てはまるであろう。通常、夢を見ている間は現

実世界のことを忘れており、夢を見ていることを自覚していない。夢の特徴は、現実と比較して場面やストーリーが支離滅裂で一貫性のない点である。夢から覚めると大部分の内容を忘れてしまうが、一部を覚えていることもある。だからこそ、夢と現実を私たちは区別することができる。ただし、現実の私は夢との区別できても、夢を見ている私は現実を知らないというちがいはある。[4] とはいえ、夢も現実も私の「視点」から見た世界であるという点では同じである。当然ながら、私の「視点」がなければ夢を見ることはできないであろう（したがって、「視点」をもたないであろう死者はおそらく夢を見ない）。ただし、夢は現実とはちがって私の「視点」にのみ依存しているという点で「実在」ではなく、「観念」の方である。

しかも現実は夢に先立つものである。夢は現実の経験に基礎をもっていなければならない。それゆえ、現実体験の範囲を超えた夢を見ることは不可能のはずである。例えば、現実に味わったことのない食べ物の夢を見ることはできない。[5] それは想像についても同様であって、一度も味わったことのない食べ物の味を想像することも無理である。これを敷衍していえば、人知を超えた異世界を想像することは、そもそも不可能だということである（想像可能なのは人間の知性と感覚の範囲までである）。夢や想像（空想）は「観念」であって、「実在」と対応してはいない。この点が大きなちがいである。

問題は現実世界についての過去の記憶である。現実世界の過去はもはや存在していないという点で、記憶は「観念」であるように思われる。しかし、記憶は夢や想像（空想）とはちがって現実世界の事実に対応するものと見なされている。すなわち、記憶は現実世界の過去の「実在」に関係していると

---

4) 夢を見ていながら現実世界のことをはっきりと覚えている人がいるのかどうかは興味深い問題である。
5) 食べたことのないものを食べて味わう夢を見ることは可能かもしれないが、夢の時の味と現実に食べたときの味が一致することはありえない（ありえるとしても単なる偶然か錯覚にすぎない）であろう。

一般的にとらえられている。[6]　そのため、記憶は想像（空想）とちがって自分の意志で作り出したりすることはできない。ごく単純化していえば、記憶は「実在」に関係するが、想像はそうではない。当然、記憶も完璧ではなく、時にあいまいで不確かなものでもある。それゆえ、私たちはしばしば記憶ちがいを犯すけれども、その時どうしても戸惑いを隠せないのである。それは、記憶は現実世界の事実と対応しているものだという了解が前提とされているからにほかならない。

　このように、記憶は過去の「実在」と関係しているが、その不完全さから記憶はそのまま過去の「実在」と必ず一致するとは限らない。だからこそ、記憶と「実在」の一致を客観的に明らかにするため、現実世界の証拠（事実の痕跡）と突き合わせることが必要になる。記憶は私の「視点」、つまり主観的なものであるという点でみれば「観念」であるにもかかわらず、過去の事実と対応しているという点でみれば「実在」に関係している。そういう点で二面的であって、もはや現実世界の証拠（痕跡や写真など）によって確かめようもない遠い過去の記憶は、私の夢や想像に近いものとなり、それらの境目がなくなっていくようにも思われる。

　また、単純な過去の「実在」の問題もある。すなわち、誰の記憶にない1世紀以上も昔の歴史的な過去や人類が存在する以前の過去の問題である。そもそも過去はもはや現実には存在していないものであるが、世界が私の「視点」から独立して持続的に「実在」していると信じているのと同様に、誰も記憶しておらず、知られていない過去も「実在」していたと信じている。過去の事実が発見されることが可能なのは、まさしく世界の「実在」が私たちから独立しているからこそである。もちろん、過去の証拠は現在にあるという点から見れば、現在の世界の証拠から過去が構成されてくるといえそうで

---

[6]　議論を複雑にしないために、ここでは夢についての記憶や想像していたという記憶はわきにおくことにする。

ある。過去の証拠次第で過去の事実は変わる。したがって、歴史的な事実は常に変わる可能性をもつ。そうして私たちは過去の「実在」により近づいてきていると考えている。

「実在」とは何なのか。次節では、あらためて科学、とりわけ物理的な特性によって規定されるものの観点から議論を進めていこう。

3 ▎ 観念的存在・感覚的存在・物理的存在

想像（空想）上の世界が観念的存在であって実在的な世界と対比されることは前節で見たとおりである。ところで、私たちが見知っている世界は感覚器官を通じた色、味、匂い、感触などから構成されるものだが、科学的知見によるとそれらは私たちの脳が生み出したものだと考えられている。それに対して物理的な存在は、そうした感覚器官によってとらえられている事物とはまったく異なる事物を指し示している。例えば、物理的な意味でいえば、色は可視光線にすぎず、光は人間の感覚器官よりも幅広い波長をもつ電磁波である。同様に、味や匂いもある種の化学物質によって惹き起こされるものであり、私たちの感覚器官が触知しうる範囲内でしかとらえられない。要するに、物理的存在は人間の感覚的な世界とは別の世界を描きだしているのであり、それは感覚というよりも、思考あるいは理論によってのみ認識される存在である。したがって、私の眼の前にある机──長方形をした光沢のある木製の天板とスチール製で一定の高さの四本脚からなる物体──は、私たちにとっての感覚的存在であるが、物理的にとらえるならある種の原子的かつ分子的構造物であってそれ自体に色のない存在である。当然、私たちの眼はそのような物理的存在としての机を見ることはできない。そうすると、観念的存在、感覚的存在、そして物理的存在という三種の存在物があるように思われる。これまでの議論を踏まえると、いわゆる「実在」に相当するのは、感覚的存在もしくは物理的存在、あるいは両方ということになりそうである。

ここで押さえておくべきは、物理的存在は自然現象の説明が理論化されて作られた存在だということである。因果関係や確率論的な根拠を踏まえて自然現象を整合的にとらえることで構成された理論的存在とも表現できる。それ自体を見たり触れたり聞いたりすることができる対象ではないのである（感覚的存在とは異なる領域に属している）。

　いうまでもなく観測機器や実験装置などを用いてこうした物理的存在を確かめることはできる。そうした意味では理論的に裏づけられた「実在」である。物理学に限らずさまざまな科学的な理論が日常生活に応用され、役立っている。こうした理論的な裏づけを通じて、私たちは感覚的にはとらえられない理論的存在の「実在」を信じている。他方、感覚的存在は生物種としての限界があると同時に個人差というものもある。例えば、人間の視覚は可視光線の範囲の波長しかとらえられないという点で種としての限界があるが、そればかりでなく色の見え方には個人差もある。その点から見れば、私の「視点」からとらえられる感覚的世界は同じ人間という種としての普遍性があっても、種を超えた絶対的なものではありえない。もちろん、他人の「視点」に立つことはできないから、私の「視点」から他者の感覚的世界をとらえることも当然不可能である（例えば、色盲を科学的に説明でき、それを何らかの装置によって再現することが可能であったとしても、それは色盲の人の「視点」に立ったことにはならない。私の「視点」から色盲の人の体験をしているにすぎない）。こうして見ると、感覚的存在に比べて、物理的存在の方が、個人差に影響を受けないという点でいっそう普遍的であることになる。

　ここで問題なのは、持続的な世界、つまり「実在」は感覚的世界なのか、それとも物理的世界なのか、どちらか一方に定めることはできなさそうだということである。というのも、私たちはみずからの感覚的世界の内側に生きているのであり、その説明方式として物理的存在が要請されてくるからである。説明方式として物理的存在の方が普遍的だという意味で、より実在的なものとしてとらえられるかもしれない。だが、感覚的世界から完全に

切り離した仕方で物理的存在を主張することは不合理であるように思われる。五感（視覚、聴覚、嗅覚、味覚、触覚）を一つずつ消去することを想像してみよう。眼の不自由な人のように視覚を失えば、視覚的世界は私の感覚的世界から消えさり、色は理論的存在としてのみ存在することになるだろう。聴覚を失えば、音もまた理論的存在としてのみ私にとらえられる。[7]　しかし、五感すべてを失ったとしたならば、私は世界で生きているといえるのだろうか。例えば、昏睡状態になった私は生命を維持しているが、自分の人生を生きているとはいえない。そう考えると、私は感覚的世界を完全に失ってもなお、理論的存在の世界において生きているということは無理があるように思われる。感覚的世界の完全な消失は、私が生きるということを不確かなものにするにちがいない。

　さて、ここで便宜上、感覚的世界を世界Ｓ、物理的世界を世界Ｐと呼んで区別することにしよう。私たちは日常生活の素朴な状態では世界Ｓの存在を疑うことなく信じている。けれども、ちょっとした実験などによって（例えば、錯視現象）すぐさま世界Ｓとは別の世界Ｐの考えに至る。要するに、私たちは世界Ｓから出発し、世界Ｐへと到達する。そして到達した後は、世界Ｐをより実在的なものだと確信する。それゆえ、通常、世界Ｓは見かけあるいは現象と呼ばれ、世界Ｐと区別されて非実在的な取りあつかいをされている。だが、果たしてそのようにいってよいのだろうか。より普遍的な説明方式を探究した結果として世界Ｓから離れて世界Ｐへと向かって行くにせよ、このことが直ちに世界Ｓの非実在性を示していると決定するのは早計だろう。というのも、どれほど精緻な説明が世界Ｐに基づいて可能になったとしても、私たちの日常はどこまでいっても世界Ｓにとどまるものだからである。

---

[7]　生まれながらに目の不自由な人は、たとえ見ることができなくとも世界に色があることを理解している。しかし、それはあくまで理論的存在としてのみとらえられているだけである。耳の不自由な人にとっての音の世界もまた同様である。

第1章　世界　｜　9

世界Sよりも世界Pの方がより実在的だという考えは、世界Pの普遍性や客観性から来るものである。

それに対して、世界Sは人間という種の特性および個々人の主観性に基づいていると考えられ、だからこそ見かけにすぎないとされた。もちろん、錯視現象などは人間である限り、誰でもそう見えるという意味では心理学的な客観性をもっている。また、個々人の主観性という点から見れば、例えば同一の部屋の温度であってもある人は「寒い」といい、またある人は「暑い」という。この場合、そもそも客観的に寒い、暑いとはいえない。それは主観的な感覚に依存している（もちろん、人間の感覚には限度があるが）。人間という種の特性があるとすれば、他の動物種にも感覚的世界Sがありうると想定される。つまり、人間の世界S（human）に対して犬の世界S（dog）あるいは魚の世界S（fish）という可能性が考えられ、各々の種でとらえられる世界Sは当然異なる。そうだとすると、私たちが日常を送る世界S（human）を唯一のものだとは主張できない。いやそれどころか、個別的な人間それぞれに異なるS_1（human）、S_2（human）、S_3（human）……というものも考えられる。とはいえ、ここで個人間の相違をあまり強調しすぎてはいけない。個々人がそれぞれに異なる以上、完全に一致する世界S（human）というものがありえなくとも、人間という種としての一定の感覚の共通性、類似性があるはずだからである。世界S（human）は人間の共通した感覚器官および身体的機能によってとらえられた世界であり、だからこそ私たちはともに同じ日常を送ることができる。あるいは、犬や猫などの人間と生活を長くともにしてきた動物種は、たとえ異なる感覚器官や身体的機能をもっていたとしても、一定程度で世界Sが重なりあう共通部分があるかもしれない。

4 ▎ 日常的な世界 ——客観性と間主観性のあいだ

　感覚的世界Sについて、もう少し考察しよう。世界Sは視覚、聴覚、触覚、嗅覚、味覚という五感に限定されているわけではない。世界Sにはこれら五感全体の複合的な感受から醸成されてくるような表情・情動・気分的なものも含まれている（ここでは、これらを表情という語で統一する）。その意味で、私たちの世界は感覚のみならず、表情的なものに満ちている。その観点からすると、（叙情）詩というものが作者の内面的な心情ばかりではなく、世界の表情的な面を表しているととらえることもできる。例えば、世界が寂しい、憂鬱、生き生きとした等々によって表されたりすることがある。しかし、これは決して単なる比喩的な表現と見なされてはならないであろう。一見すると、こうした表情は世界の側に属しているというよりも、その人の心情の側に属していると理解されがちである。つまり、表情（気分、感情）とは特定の誰かのそれであって、主観的なものだと見なされている。確かにそういう面はある。けれども、そればかりではなく、寂しい情景などといった描写のうちには世界のある客観的な面を表しているように思われる。

　より身近な例でいえば、顔の表情を考えると分かりやすい。他者の笑い、怒り、悲しみ等々の表情は、決してその表情を見ている人の側に属しているのではない。そうではなく、その他者は実際に怒っていたり、悲しんだりしている。他者の表情は気分の客観的な現れにほかならない。だからこそ、私たちはお互いの表情を理解することができる。もちろん、他者とのコミュニケーションや相互理解には文化的な差異も存在している。その意味において、表情は客観性よりも、間主観性があるといった方がよいかもしれない。表情は世界の特性ではなく、人々とのあいだに形成される共通理解だという考え方である。確かに人間は文化的存在でもあるから、文化によって生活様式や価値観に多種多様な相違がある。もし極端な文化相対主義に立つならば、各々の文化は共役不可能な特性をもっており、それらはお互いに他と置き替えら

れない独自性をもつことになる。けれども、文化間の共役不可能性を強く主張しすぎると、今度は異文化コミュニケーションが根本的に不可能ということになり、そもそも母語と異なる言語を修得することすら無理になってしまうであろう。行為や立ち居振る舞いが文化αと文化βにおいて異なって解釈される場合がある。五感のレベルでとらえれば、当然それは同じ行為であり、立ち居振る舞いだが、それを解釈するレベルでは相違しているということである。この解釈という点において見ると、文化というものが客観的というよりも、間主観的なものとして規定されるように思われる。

　では、主観性、間主観性、そして客観性の区分はどこにあるのだろうか。まず、ここでいう客観性とは何だろうか。色という事物の特性が客観性を備えるといっても、先ほど述べたように物理的特性としての客観性とはレベルが異なっている。ここでは次のような区分が必要であろう。つまり、種的差異、文化的差異、そして個的差異という区分である。種的差異から個的差異へ向かうにつれて、差異は小さくなっていく。つまり、種的差異に関していうと、人間と犬とでは視覚や嗅覚等の機能が大いに相違する。犬の嗅覚は人間よりもはるかに長けているが、視覚の方はむしろ人間の方が優れているといわれる。人間と犬では、視覚世界に大きなちがいがある。そこで人間の視覚的世界一般というものが想定される。では、視覚的世界一般というものは、客観性なのかそれとも間主観性なのかと問われるならば、やはり客観性の方に傾きたくなる。つまり、人間が見ているものには大きな差はない、ということである。したがって、人間同士の個体差による相違は、人間と犬のような種を超えた相違よりも小さいはずである。ならば、文化的差異についてはどうか。文化的差異については、例えば有名な虹の色について考えてみることができよう。虹の色の数は文化によって7色であったり、5色であったり、はたまた3色であったりもする。可視光線は明確な区分などないグラデーションであるから、これは虹を何種類の色で分節するかのちがいである。人間の視覚そのものには大きな差異はないにもかかわらず、言語を含む文化

的な背景によって対象のとらえ方は異なる場合がある。虹は7色が正しくそれ以外は誤りである、とはいえない。色はグラデーションなのだから、実際に何色であっても構わないはずである（もちろん、人間の視覚という限界内に限られるが）。虹が何色であるかは、言語的、文化的背景に依存している。ということは、虹の色の数は、客観的かつ一義的に定められず、文化——つまり、そのなかでの間主観的な理解——のもとでのみ定められる。問題となるのは、虹という現象は人間の視覚的世界において客観的に存在しているということである。いいかえると、眼に投影されている虹そのものは、視覚的機能に異常がない限り、誰にとっても同じはずである。それにもかかわらず、虹の色の数は文化で異なる。その点からいえば、それは文化的に構成されるものである。ここで、

①物理的に理解される虹
②人間の網膜像に投影され視覚的にとらえられた虹
③文化によって解釈された虹

の三つに分類することができそうである。①は先に述べたとおり、世界Pに属し、客観性をもつ。②は世界Sに属していると見なされるが、③との関係が問題である。先ほど述べたとおり、人間の感覚器官は多少の個人差があるにせよ共通している。したがって、（地理的環境によって虹の見え方は異なるという見解もあるが）人間の眼に映し出される虹の像にも共通性がなければならない。これは人間の種として共通する客観性といえるであろう。虹を何色としてとらえるかは文化の影響によるが、③は文化的、言語的共同体のなかでのみ通用するという点で間主観的であって、文化を超えて主張できないという点で文化相対的でもある。整理すると、①物理的客観性、②種的客観性、③文化的間主観性となりそうである。

　このように考えると、③の文化的な構成なしには「虹が何色であるか」が

定まらない。そこで当然、次のような疑問が生じるかもしれない。物理的な現象としての虹が理論的に一義的に定まるのだとすれば、物理的に説明される虹こそが虹そのものではないのか、と。だが、これはそう簡単にはいかない。確かに、物理的な説明は理論的に定まるのに対して、言語・文化的な説明は各々の言語・文化に依存している。この点では一義的に定まる物理的説明の方が客観性をもち、より強い規定性を備えていることになる。とはいえ、こうした説明は私たちの感覚的世界Sから切り離された仕方で成立するわけではない。物理的な説明も感覚的世界を出発点として、そこから構成されたものであることを看過してはならないであろう。私たちは日常では③の領域で生活している。②の感覚的世界は人間に共通した基礎的なものだとはいえようが、しかし純粋な②の世界に生きているということはありえない。なぜなら、私たちは生まれながらにして文化的環境に生み落とされる存在だからである。つまり、③という文化的、言語的な背景を不可欠なものとして備えて世界をとらえている。それに比べ、あくまで②は、③の影響を捨象（しゃしょう）することで知られるものでしかない。①はさらに②と③から出発して理論的に構成されることで知られる世界である。その意味において、私たちは③の段階ともいえる文化的に構成された世界に生きている存在にほかならない。

　さて、私たちの意識に現れる対象（これを表象という）は、知覚、情動、記憶、観念、そして概念などの非常に幅の広いものである。このような認識対象（表象）を包括的にいい表す適切な言葉は容易に見つかりそうにない。そこで、認識対象（表象）を包括的に意味するものとして、シンボルという表現を用いることにしよう。[8]　世界の認識対象が私たちの構成によるという考えに基づけば、物理的なシンボルと文化的なシンボルでは虹のとらえ方

8）　シンボルは一般的に象徴と訳される。しかし、ここでは単なる象徴としての意味を超えた幅の広い哲学的な表現である。このようなシンボルの意味を使用した哲学者にカッシーラーがいる。いわば、ここではカッシーラーの先例にならうものでもある。

は異なり、またシンボル的構成なしの、いわば虹そのものは存在しないということになる。私たちは何らかのシンボルを媒介にするときにのみ、虹をとらえることができる。[9]　そうはいっても、物理的なシンボルによってとらえられた虹こそが、本当の虹ではないのか。私たちは、しばしば物理的なシンボルが特権的なものだと考えたくなる。それは世界の説明として極めて精緻であると同時に、応用可能な実効性をもっているからであろう。しかし、こうした物理的なシンボルの理論ないし概念構成もまた、あくまで人間の構築物である。これまでの議論を踏まえると、実在はシンボルとの関係において、どのようにとらえられるかが問題になる。

5 ┃ 実在とシンボル

　私たちはさまざまな世界への説明方式（＝シンボルの体系）をもつ。それは科学を皮切りに、神話、宗教、法、言語、文学などの多種多様な領域である。その際に、どの説明方式がより世界の実在（本当の姿）をとらえているのか、という問いにおちいりやすい。そして自然科学の特権性に目が行きがちである。しかし、自然科学がこのような特権性や客観性を獲得しているのは、私たちの日常的な世界から出発しながらも、それを超えた理論的なシンボルを構成することによる。そのため、私たちは特殊な装置を用いることなしに原子や分子を観察することができないし、電波を目にすることもできない。けれども、そうした存在は、理論的に認識されている。電波がなければ携帯電話は役に立たず、テレビやラジオも成り立たない。理論的なシンボルは、私たちの感覚器官を超越しているものの、なお世界の説明を可能

---

[9]　眼の網膜に投影されている虹こそ、虹そのものではないか、という反論は当たらない。というのは、確かに物理的な観点でいえば、網膜に投影されている虹は一義的であろう。しかし、私たちがその虹の像を認識するや否や、文化、言語的なシンボルを介さざるをえない。認識されていない網膜像はいまだ何ものでもないのである。

にし、日常生活にも応用されている。こうしたことから原子や電波などの物理的存在は、それ自体として存在しているように思われる。けれども、前節で虹そのものという考えが虚構でしかなかったように、理論的なシンボルもまた物理的に構成されるところではじめてその存在が確かめられるのである。すなわち、人間の感覚器官の閾値(しきいち)を超えた多種多様な事物——例えば、原子、赤外線、ウイルス等々——は、自然科学の理論によって構成されたシンボルとして実在するのであり、その理論的説明のもとで私たちの日常生活も成り立っている。あるウイルスによって病気に罹ることがあると分かれば、予防のためにワクチンを接種したりする。そのような実効的な力を備えているという意味において、病気に対する予防行動は感覚器官ではとらえられないウイルスという存在を前提とする。とはいえ、注意すべきは、こうした存在が確かめられるのは、シンボルを構成する理論に根拠をおいているからである。それゆえ、自然科学とは異なるシンボル体系、例えば神話においては世界のさまざまな事象が神話に固有な説明方式に根拠がおかれるであろう。その場合、暴風や雷などの気象現象の原因を神々の怒りなどに帰したり、病気の原因を悪霊の仕業に求めたりするであろう。そして、神々の怒りを鎮めるために神々への供犠(くぎ)や祈願を行ったり、または悪霊払いの儀式などを行ったりする。このような神話的な説明方式に根拠をおくことは、現代の私たちにとっては不合理だと思われるかもしれない。しかし、日常生活を振り返ってみると、そういい切れないことに気づかされる。というのも、人生の節目ともいえる時には寺社に祈願することもあるであろう。年明けには初詣をし、お盆やお彼岸に墓参りをしたりもする。実際、こうした行為をすべて科学的に根拠がないという理由で切り捨てたりはしない。科学を合理性、神話を不合理性と二分して理解してしまうことは私たちのシンボル的世界の多種多様性をきわめて単純化してとらえてしまうことにつながるものである。それゆえ、理論的なシンボルを確証しているからといって、ただちに神話・宗教的なシンボル（神仏や霊魂）が排除されるということにはならない。むしろ、

こうした多種多様なシンボルを通じて多元的な世界の説明、了解形式の可能性に目を向ける必要がある。

　古代の人々にとって現代の自然科学は未知のものであった。そのかわりに、神話・宗教的なシンボルが信じられ、時に呪術が病気やケガの治療的役割を果たすこともあった。それに対して、現代人は理論的シンボルの存在を認識し、それに基づいた医療技術を駆使して病気やケガを治療する。しかし、世界の説明には理論的シンボルだけでは足らず、なお他のシンボルが必要とされる場合もある。病気になったら現代の医療で十分であろうと考えるが、私たちの力の及ばないところでは、神話・宗教的な祈願や救いが要請されてくることもある（死に関していえば、なおさらである）。もちろん、そうした神話・宗教的なシンボルを信じない人にとっては、それは根拠のないものでしかない。それにもかかわらず、そうした神話・宗教的なシンボルを通じて世界を説明する方式が現に今でも存在していることを否定することはできない。

　さて、シンボルと実在の関係はどのようなものなのか。古代人にとっては神話的世界のもとに現実がとらえられていたのであり、彼らにとって神話的シンボルは紛れもなく実在的なものであったにちがいない。それに対して、私たちにとっては物理的存在を直接感覚器官で見たり触れたりできずとも理論的世界が一つの実在であるといって差し支えない。[10]　とはいえ、現代の理論的シンボルの実在についても、はるか未来の人間から見た場合を想定すると、あたかも私たちが古代人の神話的シンボルを見ているのと同じような状況がもしかしたらありえるかもしれない。要するに、はるか未来の人間の目から見れば、現代の物理的シンボルという実在は、きわめて未熟な、ある

10）各々の神話的シンボルが理論的シンボルにどのようにとってかわられていったのかという問題は、文化史や科学史があつかうものである。

いは神話的なものにすら映るかもしれないということである。[11] そのような可能性はないとはいい切れない。もちろん、そのような可能性をはらんでいたとしても、このことが現在の理論的シンボルが虚構であることを意味しているわけではない。なぜなら、私たちは現実を生きているのであり、その現実の説明方式としてシンボルの実在性をとらえているからである。このことからも、実在とは決して一義的、絶対的に規定されうるものでないことも明らかであろう。

6 ｜ 実在と人間

　このように、実在的世界は人間のあり方から切り離せないものであることが分かる。種的なレベル、文化的なレベル、そして理論的なレベルの多種多様なシンボルのもとで、世界の実在が規定される。すなわち、実在とは人間のあり方と相即的なものなのであって、そこから離れた世界そのものとして実在をとらえることは誤りだということである。確かに理論的レベルにおいては、人間のあり方を超越した普遍性や客観性を目指しているように見える。それは、トマス・ネーゲルの表現をかりていうなら「どこでもないところからの眺め（視点）」であろう。[12] だからこそ、理論的レベルの説明は、時間的にも空間的にも人間が存在していないような世界（宇宙）についての可能性にも開かれている。これは、人間のあり方から離れた実在的世界が存在

---

11) 例えば、17世紀のニュートン力学の金字塔『自然哲学の数学的諸原理』における絶対時間、絶対空間のようなものを思い浮かべてみるとよい。ニュートンは時間と空間の不変性を信じたが、20世紀にアインシュタインの相対性理論によってそのような時間・空間概念は覆されることになった。
12) ネーゲル［24］を参照。

しているという想定のもとにある。[13] だが、すでに論じたとおり、理論的な世界説明もまた私たち人間の構成するシンボルを根拠としている。ここではシンボル的世界と実在的世界との関係をどのように理解するかが問題なのである。

なるほど、私が世界からいなくなろうとも世界は存続している。それを敷衍すれば、人類が世界から絶滅しようとも世界は存続するにちがいない。そう私たちは信じているし、その信念に根拠がないわけでもない。というのは、私の「視点」の消滅は、私の世界の消滅でもあるが、「視点」は私だけのものではないからである。同様に、人類の消滅は人類の構成したさまざまなシンボルの消滅、すなわち人間によるすべての世界の説明方式の消滅であり、人類が理解する世界というものが消えることでもある。それらが失われたとしても、宇宙が存続することは確かである。けれども、人類が滅んだあとの宇宙――人類が誕生する以前の宇宙でも同様であるが――というものですら、実は人間という種が作りあげた自然科学的なシンボルの枠組みからでしかとらえることはできないことを忘れてはならない。

それゆえ、ネーゲルのいう「どこでもないところからの眺め」というのは、あくまで比喩的あるいは理念的な表現にとどまらざるをえないように思われる。私たちはどこまでいっても人間という種による世界の見方を免れないがゆえに。それは、神の視点というものが比喩的な、あるいは類推的な問題としてしか語ることができないことと同じである。「どこでもないところからの眺め」が到達不可能なものであるにせよ、私たち人間にとって、世界というものは多種

---

[13] 理論的実在が人間的なあり方から切り離されて存在するならば、地球外知的生命体と人間が出会ったとき、前者が人間と同等レベルの文明をもっている場合、その物理理論は互いに一致する可能性があることになる。たとえ、前者が人間とどれほどかけ離れた感覚器官や認知機能をもっていたとしても、である。このような「どこでもないところからの眺め」（＝理論的客観性）を私たち人間が追求するとしても、それが可能なのかどうかは疑わしい。なぜなら、科学はどこまでいっても、人間的な営みだからである。

多様な説明が可能であって、いわば多元的なシンボルの説明体系のもとでとらえられる。物理的なシンボルによって世界を理解するであろうが、あるときは言語・文学的なシンボルで日常を語り、または神話・宗教的なシンボルによって世界を解釈しようともする。ここにはシンボルの多元性という問題がある。

7 ｜ シンボルの多元性と選択の問題

　私たちはどのような基準によって、世界の説明方式（シンボルの体系）を選択するのだろうか。意志的ないし能動的にそれを選択する場合もあるであろうし、そもそも文化的な慣習や母国語のように受容的に形成されているものもある。こうしたなかで、その選択ないし受容の基準というものがあるのだろうか。ネルソン・グッドマンは次のような架空ではあるが刺激的な事例を挙げている。[14]

　衛兵が（上官から）「動いた捕虜は誰かまわず射殺せよ」と命令された。すると突然、衛兵は捕虜の全員を撃ち殺してしまった。（上官が）なぜそんなことをしたのかと問うと「捕虜の連中は地軸のまわりと太陽のまわりを急速に動いていたものですから」と釈明したというのだ。グッドマンのこの奇妙で荒唐無稽な事例はいったい何を意味しているのであろうか。命令した上官は、地球が静止しているという（暗黙の）基準のもとで、捕虜が少しでも動いたら射殺せよといいたかったことは明らかである。けれども、命令された衛兵は暗黙の了解であるはずの基準――地球は静止しているとみなす――にしたがってはいなかった。その衛兵は状況から見て非常識な基準――地球が自転し、かつ太陽の周りを公転している――のもとで命令にしたがったのである。この衛兵の誤解はあまりに極端であるにしても、地球が宇宙空間で

14）グッドマン［13］215 頁を参照。

運動していることは紛れもない事実である。しかも、何を運動の基準とすべきかについて、この上官は何も明示していなかった。問題はどのような基準をとるべきだったのか、にある。[15]　当然、この上官の命令においては地球の運動を静止したものと見なすという基準（すなわち常識）にしたがわなければならない。これは慣習を堅守することである。[16]　つまり、私たちは、日常的にどの場面でどのような基準をとるべきか、慣習的に確立されている。それは儀礼的な場での作法のみならず、普段の行動や言葉遣いにおいてもそうである。そこから逸脱することは世間一般で理解されない（それどころか過ちとされ、他人の誤解を招く）。それはある種の拘束性を伴っているのである。私たちが世界を説明する場合の基準というものは、慣習を堅守することに重要な意義を与えている。ただし、注意すべきは、こうした慣習としての基準はすべてが言語化されたり、明示されたりしているわけではない、ということである。むしろ、通常は当たり前のこととして、暗黙のこととしてことさら意識されることもなく了解されている。

　日常生活において、どのような状況でどの基準（説明方式、シンボル体系）をとるかということは一般的に決まっている。先にも挙げた事例でいうと、「虹は何色であるか」は、文化的な背景によってある程度決まっている。日本語において虹は7色であると考えるのが一般的であるから、もし「虹は5色である」とか、あるいは「虹は10色である」などといえば奇妙な、通用

---

15) ここでは詳細に立ち入ることはできないが、グッドマンの大変有名な造語「グルー」は日常言語の基準がはらんでいる哲学的問題を明らかにしたものととらえられる。グッドマンの分析によるとグルーであろうと、その語を何ら矛盾なく使用することが可能である。たとえそうであったとしても、私たちはグルーをいう語をとらず、グリーンやブルーという語を使用する。グッドマンによれば、それは私たちが日常の言語使用上の基準を踏襲しているからである。グッドマン［12］第3、4章を参照。
16) グッドマンはこれに「エントレンチメント（entrenchment）」という語を当てている。原意は塹壕を掘ること、堅固に守ること、である。邦訳では「擁護」や「守り」などと訳されている。

性のない表現として受け止められる。すでに述べたように、虹の色のグラデーションを何色に分けるかは一義的には定まらないから、本来は何色であろうとも自由なはずである。しかし、たとえ私自身にとって虹が7色に見えなかったからといって個人の恣意(しい)的な基準を当てはめたとしても、それは通用性をもちえない。というのも、「虹が何色か」という基準は、言語文化的な慣習によって虹という表現の意味内容のうちに堅守されているからである。もしその基準から逸脱する場合には、既存の意味内容よりも妥当性を有する根拠（つまり、人々の慣習を覆すだけの根拠）がある場合のみである。例えば、「虹が5色である」という解釈は、日本語では通常はとりえないが、だからといって絶対にありえないというわけでもない。なぜなら、あくまで仮定ではあるが、もし日本語学あるいは日本文学の研究によって（歴史的に見て）虹が5色であった（そして日本文化において7色というのは誤解であった）という理解が人口に膾炙(かいしゃ)されたとしよう。すると、「虹が5色である」という基準はもはや奇妙なものではなくなる。こうして「虹が7色である」という文化的な慣習の堅守は打ち破られ、「虹が5色である」という新たな基準が地歩を固めることとなる。

　一見すると、このようなことはそう簡単にありそうにないことに思われるかもしれないが、このような基準の変更・更新は、科学という営みにおいては日々行われているものですらある。とはいえ、それはシンボルを一から構成するということではない。私たちは今あるシンボルのもとで生きているのであり、それは常に作り直されるものである。グッドマンの言葉を借りれば、世界の制作(ワールドメイキング)は常に再制作(リメイキング)である。[17] 『旧約聖書』の「創世記」によれば、神は無から世界を創造したとされる。また、プラトンの『ティマイオス』によれば、デミウルゴスという世界制作者がイデアという原型（真の姿）に基づいて世界を制作したとされる。当然ながら、人間はこのように世界を制

---

17) グッドマン［13］26頁を参照。

作することはできない。その意味からすると、グッドマンのいう「世界の制作」という表現は誇張といってよい。私たちは世界の説明方式（＝シンボル体系）を絶えず作り直しつつ、それを媒介として世界をとらえているということである。人類史上の文化や文明は、各種各様の世界解釈ないし世界了解のシンボル形式にほかならない。もちろん、人間には世界を把握するにあたって、さまざまな制約がある。人間の身体、感覚器官、言語、理性等々は、感覚、情動、概念等々という認識形式の基本的な制約をなしている。だが、むしろこれらに先立って文化形式ないし生活形式という制約下で、私たちは「世界とは何か」を了解するようになると思われる。そういった点において、言語形式もまた文化や生活と切り離しえない点で重要な制約をなしている。ウィトゲンシュタインの『論理哲学論考』は、私たちが言語の外側に立つことが不可能であるという。言語の限界内でのみ世界を語ることには意味がある。[18]　だからといって言語のみを特権的なシンボルと見なすことは誤りである。グッドマンは絵画などの芸術もまた代替不可能な世界の固有な見方（ヴィジョン）を提示するものとして論じたが、そればかりでなく、世界のあらゆる文化的形式のうちに固有な世界把握が表されている。

　私たちは無からこうしたシンボルを作り出すことはできない。今あるシンボルから出発するほかなく、そのうえ世界のとらえ方は絶えず変遷していくものである。科学には発見、芸術には創造があるとしても、これまでの科学的シンボル、芸術的シンボルが継承され、さまざまな相互作用が働いて、新たなシンボルが生みだされ続けている。だからこそ、シンボルの多元性という問題も生じてくる。これは、世界の実在は一つであるという立場と対立する。科学の特権性を認める立場からすれば、このような多元性は受けいれがたいであろう。そこで、世界の実在を多元的にとらえる立場をさらに検討してみ

18）ウィトゲンシュタイン［3］序を参照。なお、ウィトゲンシュタインにとっては語ることのできないもの（倫理、人生の意味など）の方が重要であった。

なければならない。

8 ｜ 世界についての一元論、二元論、多元論

　世界をいくつの原理に基づくと考えるかで一元論、二元論、そして多元論に分かれる。いわゆる物理主義[19]は物理的実在のみが真の世界のあり方だと考えるので一元論的な世界観ということになる。その場合、物理的なもの以外——例えば、心あるいは精神——は、終極的に物理的なものへと還元されうるものとしてとらえられる。つまり、心的なものは、何らかの物理的実在（例えば、脳内の神経系の働き）として説明されうることになる。[20]　物理主義者からすると、心や心理現象というのは世界にとって本質的なものではない。では、なぜ心的なものがあると見なされてしまうのか。一つの想定される理由としては、現在の物理学は完成される途上にあるから、便宜上心理的な説明を許容しているにすぎないとするものである。物理学が完全な体系となれば、もはや心的なものなど無用になり、心理的な用語や説明も完全に物理的なものの説明に置き替えられる、というものである。

　こうした一元論に対し、物体と心を別々のものとしてとらえるならば、それは二元論的な世界観ということになる。物体と心は別々の実在であって、全く異なるものであるとする。これはデカルトの立場として知られる。けれども、この場合にはいわゆる心身問題という難問が避けられない。つまり、

---

19) 細かい用語の区別には立ち入らないが、広義では自然主義や唯物論の範疇にも含められる。

20) 一見、別の種類と考えられているものを一つの種類で説明しようとする立場は広く還元主義といわれる。これには心理主義的なタイプのものもある。心理主義的な還元主義によると、すべては心理現象として説明可能だとする。数学や物理学などの学問も、いってみれば人間の心的活動の産物と見なされうる。したがって、数学や物理学などの学問も人間の心的活動から独立しているのではないから、かえって人間の心的活動の方こそが実在的なものだと主張する一元論である。

私たちの身体は、物体の側に属している。そうすると、心と身体（物体）が全く別々のものだとするならば、どのようにして両者は相互に作用しあっているのか、という問題である。[21]　デカルトは心身が相互に作用していることを今日でいう医学的、生理学的な観点から分析している。[22]　しかしながら、心と身体（物体）を結びつけるもの——デカルトは脳の松果体という部位がその場所だと考えたが——の説明は上手くいっていない。なぜなら、松果体はしょせん一個の物体にすぎないからである。二元論はデカルトの心と身体との関係に限ったものではなく、近代以前にはプラトンの現象界とイデア界、キリスト教における霊と肉のような教説などにも見出される。心（精神や魂）の不滅説は、こうした二元論的な立場と親和性がある。

　さて、こうした一元論や二元論とは異なり、世界の説明に関する複数の実在や原理を認める立場が多元論である。物心二元論においては物体と心は別々の実在であって、一方が他方に還元されてしまうようなことはない。多元論は心と物体というだけではなく、さまざまな世界の実在的なあり方を認める世界観である。物理的な実在のとらえ方は物理的な原理に基づくであろうし、私たちの日常的な世界は、文化的ないし言語的な仕方で表現され、とらえられる実在である。心理現象に関しても物理的に還元されえない固有な実在として認める。多元論は物理的実在の特権性はもちろん、他の一元論的な還元主義を容認しないし、かといって二元論にも与（くみ）しない。とはいえ、心身二元論において相互の原理の関係性が難問であった。ましてや多種多様な実在を容認する多元論は、そういう点から見ると、完全な一貫性と整合性をもつ体系を取り難いともいえよう。むしろ、多元論的な世界説明は、世界の多種多様なとらえ方の可能性をあるがままに認め、世界を一つの何らかの枠にはめようとはしないところにある。

21）心身問題は第2章で詳しく論じる。
22）デカルト［21］を参照。

9 ▎ 世界・私・共同性

　私たちは、私自身の世界から抜け出ることができない。このことは、ウィトゲンシュタインの『論理哲学論考』にならえば、私の言語の限界という観点から説明されうるであろう。[23]　これはすでに述べたとおり、私は〈私の視点〉からでしか世界をとらえることができないということでもある。もちろん、私の世界というものも無から生じてきたわけではもちろんない。私の視点から見ている世界のあり方は、私自身の環境、文化、時代等々によって制約されている。それゆえ、かりに私が別の環境、文化、時代等々に生まれていたならば、今とは全くちがった私であったと想定することはできるかもしれない。それでも〈私の視点〉の特権性がなくなるわけではない。私は〈私の視点〉を通じてのみ、さまざまな世界のとらえ方を見出す。第一に私たちは知らぬ間に身につけた自然言語（母国語）というシンボル体系によって世界と関係している。そこから、さらに物理的なシンボルや宗教的なシンボルに基づいて世界を把握することもあろう。そうしたシンボルに基づく世界のとらえ方というものは、自然言語と同様に私自身が作りだしたものではない。そうしたさまざまなシンボルのもと、私以外の他者の存在とともに世界了解を共有することになる。当然ながら、私は決して他者の視点に立つことはできないが、シンボルはそうした他者との共同的な世界了解の基盤を私に与えてくれる。そして、さまざまなシンボルは世界が多元的な様相を示し、決して一義的な、絶対的な実在ではないことを表す。むろん、例えば何らかの宗教（的世界観）を信じることは、個人的あるいは文化的に何ら問題はない。けれども、物理的シンボルに基づく世界観が唯一ではないように、ある一定の宗教的シンボルのみを唯一のものと見なすことはできない。

---

23) ウィトゲンシュタイン［3］。「5.62 ［…］世界が私の世界であることは、この言語（私が理解する唯一の言語）の限界が私の世界の限界を意味することに示されている」（115 頁）。

つまりは、私たちは生誕以後、私自身の視点から種々の多様なシンボルを受容し、かつそれを通じて世界をとらえて関わってきたのである。各々の場面において、ある時にはあるシンボルを基準とし、別の時にはそれと異なるシンボルを基準とする。当然ながら、それぞれシンボルは異なる世界のとらえ方をしている。それを踏まえたうえで、多元的な仕方で世界をとらえうるということ、さまざまな世界観が存在する余地が常に残されているということが、いわば共同性という点から見て重要性をもつ。というのも、他者とのあいだには完全にその基準が一致することはありえないからである。完全に一致するならば、もはやその他者は私自身にほかならないであろう。お互い相容れない〈私の視点〉と〈他者の視点〉のなかで共通し、重なり合うシンボルの部分のなかで、相互理解が可能になるからである。

　「世界とは何か」――この問いは、世界の本当の姿を探究しようとする存在論であり、それを知ろうとする認識論でもある。この両者は、お互いに密接に関連している。世界をどれほど究明しようとも、私たちという人間的なあり方から切り離せない。自然科学は、「世界とは何か」という問いの探究の一つの形態であり、それは客観性を標榜し、あたかも人間的なあり方から独立した実在を探究しているかに見える。しかし、すでに指摘したように、自然科学、とりわけ物理的なシンボルもまた私たち人間の構成した概念にすぎない。人間とは異なる知的生命体（宇宙人）がかりに存在したとして、彼らが私たちと同じ物理的なシンボルを構成しているか、という問いは興味深いものである。人間がもつ知性と同じ知性を宇宙人がもっているならば、その答えは肯定的なものになるかもしれない。けれども、知性がそもそも私たち人間を基準とすべきだと断言できる根拠は何もない。とするならば、宇宙人が私たちの科学とは異なる科学をもっていると想定しても何ら不合理ではないであろう。このように考えていくと、やはり終極的には人間という問題に行き着くように思われる。とはいえ、そこで問題となっているのは、生物学的な観点でとらえられるような人間ではない。世界をとらえる存在者とい

う人間の普遍的な特性に関するものである。「人間とは何か」という問いは、そういった点から哲学的な人間学という領域を切り開くものであろう。哲学的な観点からとらえるならば、世界と人間は両者が相互に関連している以上、一方のみを取り上げて論じたとしても、その議論は片手落ちで不十分なものにとどまらざるをえない。

10 ｜ 世界の多元性と豊饒性

　ここまで世界の多元的な理解を擁護する立場で論じてきたが、世界の多元的な様相が多種多様なシンボル的実在によってとらえられることが示されてきた。私たちは世界の唯一にして真実の姿を求めたくなるものである。しかし、世界は一義的な仕方では決して理解されうるものではない。もし、そのような仕方を推し進めたとしても、結局のところ説明しきれない余地を残すか、あるいは無理な尺度を当てはめて歪んだ見方に堕してしまうにちがいない。すでに見たように、世界のあり方と人間のあり方は別々には論じられない。人間は多種多様なシンボルを創造する。それは個人的なレベルから文化的なレベルまでさまざまな段階で生み出される世界観である。とりわけ、文学作品や芸術作品に関しては、ある独創的な個人の作品でありながら、同時にその時代の世界観を表現するものでもありうる。作品のそのような背景を指して、時代の精神を表現したものとしてとらえられたりもするのである。こうした多様な段階で創造されるシンボルの多元的なあり方は、世界というものが決して一様ではありえないということ、むしろ世界の豊かさ（豊饒性）をもつことを意味しているように思われる。これは世界の汲み尽くせなさとも表現できるが、人間のシンボル創造において決して世界との関係性を無視することができないということでもある。

　時代、地域、そして文化などを背景としている私たち人間は、世界の（再）制作としてもとらえられる独自なシンボルを生み出す。そこには共通する文

化的シンボルが見出されるであろうが、それでも「私の視点」の根源的なあり方は排除されえない。同じ人間が一人としていないように、文化的シンボルをとりいれながら、私たちは自分自身の世界のあり方を把握する存在でもある。それどころか、「私の視点」こそが世界をとらえる起点であることを看過してはならないのである。

第2章

物体・心・人格

1 心と物を考える ——心身問題への導入

　私の周りには、さまざまな事物がある。自室ならば、机、椅子、PC、筆記具、照明器具があり、そしてこの自室の窓からは外の景色も広がっている。これらは、私の身体（特に手足）のように思い通りに動かすことのできないものだと認識している。もちろん、手でつかめれば、それを別の場所へ移したり、操作したりすることはできる。それでも、これらの事物は私の身体とは区別されている。その意味で、私と事物（＝私ではないもの）の境界をなすものとして身体が一つの指標になる。しかし、身体という境界は必ずしも絶対的なものではない。髪や爪などは日常的に切っている（いわば身体の一部を分離できる）し、手足を失った場合には義手や義足によって代替させることができる（身体の一部とすることができる）。[1]　かりに私の身体を徐々に切り離していくさまを想像してみよう。両手、両足、腹、胸、肩……、ついに私と私以外の事物の境界として、私の意識に関係する脳だけが残されるように思われる。それゆえ、もし脳の移植というものが可能になれば、脳以外の身体的部位は単なる義手や義足を拡張したもの（＝機械化した身体）に

---

1) 義手や義足は、それ自体としては事物である（脱着可能な場合は特にそう感じるかもしれない）。日常生活において、これらの利用、操作が元の身体と過不足なく機能しているのであれば、身体の一部と見なすことができよう。ある意味で、道具としての事物は、身体を拡張した機能をもつものとしてとらえることが可能である。

置き替えるができるようになるかもしれない。いや、それどころか脳を構成している神経細胞ですらも何らかの電子機器的な装置に代替できる技術が可能になれば、脳全体が何らかの装置で置きかえることができてしまうかもしれない。

　そこまで行くと、もはや私と私自身の身体を直接的に結びつけているものは何もないということになる。確かに私は身体を介して世界に関わるとしても、それは「私は身体である」ということではない。私自身は身体とは別種のものである。ここから直ちに物心二元論あるいは心身二元論が導かれるのは簡単である。心（＝私という意識）は世界の事物（私の身体をも含む）と異なる何かだという考えは、常識から見てもさほど不思議ではない。というのも、はるか昔から魂（心や意識）は死によって身体から離れ去ってしまうものと信じられてきた。つまり、魂は身体が朽ち果てても消滅せずに死者の世界へ赴くものと考えられてきたのである。今日の社会においても、魂は身体がなくなっても存在し続けると信じている人が一定数いる。このような考えの根底には、魂と身体が別種のものだという見方があるにちがいない。もちろん、このような見方に根拠があるかどうかは、哲学的に検討が加えられなければならない。そこで、心と物体を別種とする見方が、はたして私たちの心のあり方をきちんととらえているのかどうかを、まずはしっかりと考えてみる必要がある。

　私たちは日常的に何の疑問もなく、心と身体が互いに作用していると見なしている。けれども、もし心と身体がまったく別種のものであるなら、どのようにして別種なもの同士が結びつき、かつ相互に作用することができるのかという問題が生じる。これは物心二元論の立場にたつデカルトが直面した難問としても有名である。この難問を回避する一つの方法は、心を物体としてとらえることである。すなわち、物心二元論がそもそも不合理だと考える。

エピクロスはデモクリトスの原子論[2]を援用し、心（魂）も物体と同様に原子から構成されているのであって、非物体的ではありえないと主張した（古代原子論）。[3]　なぜなら、心が物体でないとしたら、どのようにして身体（物体）に作用するのか理解できないからである。したがって、心もまた物体であるととらえられる。ここで「相互に作用できるのは、同種のもの同士だけである」ということを認めるならば、そこから「物体に作用できるのは（同種の）物体だけである」が導きだされる。なおかつ「心が物体である」ならば、心と身体が相互に作用することは何ら問題がないことになる。

　だが、はたして「相互に作用できるのは、同種のもの同士だけである」は、自明なことであろうか。そうであるならば、これを拡張して「心に作用できるのは（同種の）心だけである」ということが成り立つか考えてみよう。一見すると、物体同士のように心と心も同種であるから心同士が相互に作用してもおかしくはなさそうである。確かに私自身の心に限っていえば、例えば推論などの思考作用（AならばB、BならばCのように）は心の働きとして連続しており、私の心の状態は相互に作用しているといえるかもしれない。ところが、私の心と他者の心となると話は別である。私たちは他者の心を直接見たり、触れたりすることができない。見たり触れたりできるのはあくまで他者の身体にすぎず、他者の心そのものはそうした対象ではない。他者の心があるとすれば、それは身体という物体を介してはじめて認識されうる。すなわち、私たちは身体を介さずに他者の心を直接認識できるわけではない。私が自分の考えを他者に伝達する際にもお互いの身体を通じてはじめて可能になる（私が言葉を発声し、他者は聴覚を通じてそれを認識しなければならない）。したがって、心と心が物体同士のように直接的に作用しているとはいえそうにない。

---

2)　「分割不可能なもの」を意味するアトモン（原子）から事物が構成されるとする考え方。
3)　エピクロス［6］30頁を参照。

さて、私の心と私の身体を直接的に結びつけているものは何もないことは先に指摘したとおりである。だが、現実には身体への事物の刺激によって感覚が惹き起こされ、アルコールなどの薬物（これも物体である）の摂取によって思考の働きが鈍くなったりもする。たとえ心と物体は別種だと考えても、相互に作用しているように見える。こうして次のような問いが生じてくる。心と物体は別種なのかそうでないのか、もし別種なのだとしたらどのように両者は相互に作用し合っているのか、あるいは別種でないとしたら心は物体なのか、それとも反対に物体もまた心なのか。これは数多くの哲学者たちの頭を悩ませてきた心身問題である。この問いに対して、心は単なる虚構（フィクション）にすぎず、私たちは身体的存在としてのみとらえられるべきだ、と割り切ることは困難であろう。なぜなら、私たちは自分や他者が心と身体から構成されていることを自明とした日常生活を送っており、それを覆すような主張に説得力をもたせることは容易ではないからである（たとえ日常的な信念がしばしば誤っていることがありうるとしても）。

2 ｜ 唯物論

　心と身体（物体）に関する難問とは、もしそれぞれが別種のものであるならば、どのようにしてお互いに作用することが可能なのかというものであった。これを解決する一つの立場は、心と身体（物体）は別々のものではなく、どちらかが本当に存在するもので、一方は他方から派生してきたものにすぎない、つまり本質的なものではないとするものである。いわゆる一元論だが、物体だけが真に存在するものであり、心はあくまで物体から派生してきたもの（あるいは本当は存在していないもの）とするのが唯物論であり、その反対に心が真に存在するものであり、物体はあくまで心から派生したもの（あるいは本当は存在していないもの）とするのが唯心論である。
　唯物論的な考えは、前節でも触れた古代原子論にまで遡ることができる。

くり返しになるが、唯物論は物体だけが世界に真に存在しているものだとする立場である。[4]　それゆえ、唯物論者は心というものが物体とは別種ではないのであり、別種だととらえるのは間違っている、と主張する。別種であるとすると心と身体の相互作用を説明することは困難になるが、それはそもそも心と物体が別種であるという前提が誤っているからである。心もまた身体と同様に物体的なものにほかならない。けれども、このような立場を取るならば、心が実際にどのような物体なのか（または、心がどのような物体的性質をもっているのか）という問題に直面せざるをえない。これに対して、たとえどれほど詳細に身体や脳の物理的なメカニズムを解明したとしても、心が物体であることの何の証明にもならないであろう。というのも、脳神経科学は経験的（実験的）に脳の状態と心理状態との相関関係を明らかにすることはできるとしても、それがいくら精密な仕方で記述されえたところで、やはり依然として心理状態は物体とは異なるものにとどまらざるをえないからである。この記述は、心が物体であることの証明として十分な説得力をもってはいない。それよりも上手くいくための一つの考えは、心理状態そのものを物理的説明に置き替える（還元する）という道であろう。この場合、例えば「痛い」という心理的表現はある脳状態の表明としてとらえられるべきである。つまり、心理的表現というものは、本来は物理学的な（脳神経科学的な、といってもよいが）説明にとってかえられるべきなのだ。けれども、このようなことが可能なのだろうか。

　唯物論者[5]　は次のように主張するかもしれない。さまざまな心理的表現

4）　唯物論に関するコンパクトで明晰な著書としては、ブロック［31］のものがある。ブロックは唯物論を思考に対する存在物（物質）の優位性を主張する説として広く定義づけており、このことから種々の唯物論的立場がありうる。例えば、現代の自然科学的な観点からすれば、唯物論は物体を物理的な対象として規定する自然主義としてもとらえられる。また、ここでは立ち入らないが、マルクスとエンゲルスの史的唯物論などの各種の形態がありうる。

5）　ここでは物理主義者の方がより正確な立場である。

はまるで私たちの心が身体とは別種のように見せかける（そして実際に別種だと信じ込んでいる）が、それは単に便宜上そうすることが日常的な場面において有用だからにすぎない。物理学（脳神経科学を含む）がいまだ発展途上にある以上、心理的表現に対する物理的説明が完全ではないからである。将来、完全な物理体系が完成されたあかつきには、心理的表現は本当の表現ではないことがはっきりする、と。[6]

確かに「痛さ」を脳のある種の状態や機能として物理的な記述で表現することは可能であろう。「痛さ」の脳状態や機能を身体的に表現したり（顔を歪めたり）、それを回避する行動を惹き起こすものとしても記述可能かもしれない。[7] しかし、それにもかかわらず、「痛さ」という心理現象（心理的な質といってもよい）が何なのかという問題は未解決のまま残されることになりそうである。そうした心理現象（記憶、情動、思考等々）を脳の状態や機能だととらえても、なぜ脳にそのような心理現象が伴わなければならないのか依然として不明なままである。唯物論は、終極的な解決を与えてくれないように思われる。

---

[6] 心理的表現を実際にどのような仕方で物理的なものに置き替えることができるのかという問題もまた大変困難なものであろう。単純に考えて、「水」のような日常の言葉を科（化）学的な表記「H_2O」に置き替えることですら困難をともなうことは明らかである。「水」に関するさまざまな慣用句（覆水盆に返らず、等）を「H_2O」に置き替えたとしたら、いかに滑稽であるかは想像にかたくない。ここで詳細には立ち入らないが、このことは、言葉の意味として単純に水＝H_2Oではないことを示すものである。

[7] 心理状態の言説を、外から観察できる身体的行動として完全に記述し、還元しようとする立場に行動主義がある。また、心理状態を脳の機能としてとらえるのが機能主義である。機能主義は、感覚という入力から脳を介して何らかの出力がなされるものとしてとらえられており、高度なコンピューターが心のようなものをもつ可能性から考えられた立場である。

3 ｜ 唯心論（観念論）

　唯物論とは真逆の立場に唯心論がある。唯心論は観念論ともいわれ、物体的なものを一切否定して心の実在だけを認める立場である。けれども、私の心の外には、私の身体のほか、さまざまな事物の世界が広がっている。これらがすべて物体ではなく心だとするのは常識的な見方として道理に合わないと思うであろう。ひとまずそうした常識はわきにおいて、次のように考えてみよう。例えば、私の目の前に一個のリンゴがあるとする。それはある一定の形、色、匂い、硬さ等々の性質をもっている。そして、普通はそのリンゴをそうした諸々の性質を備えた物体として、私たちの心とは独立に存在しているものと見なしているはずである。だが、唯心論者ならば、このリンゴは私の心から独立に存在しているものではない、と主張するであろう。というのも、リンゴの形、色、匂い、硬さ等々の性質は、私の心のなかに映し出されている像、つまり知覚という観念だからである。[8]　私の心のなかに、リンゴの諸性質の知覚がまとまりをもつことで、一つのリンゴが形成されているわけである。それゆえ、形、色、匂い、硬さ等々の性質の知覚から切り離されたリンゴそのものというのは不合理である。それはもはや何ものでもありえないであろう。[9]　いわば、リンゴは心から独立した物体として存在するのではなく、そうした観念の集合体として私の心のなかに存在している。私は心の外側に何があるのかは分からない。私に知られるのは心のなかだけである。私自身の心のなかの観念だけがあるのであり、それ以外はまったくないというか、そもそも知ることができない。

---

8) ここでの観念の意味は、心のなかに現れるものすべての対象を意味している。そのため、想像、情念、概念などのほか、知覚や感覚などの物体の性質と見なされるものも含んでいることに注意してほしい。
9) バークリは、それゆえ具体的な諸性質をもたない物質というものを否定した（物質否定論）ことでも知られている。バークリ［26］を参照。

とはいえ、この考えからはさまざまな不都合が生じてくるように思われる。一つが外界の持続的な存在という問題である。机の上にリンゴを置いたままで、目をつむり、鼻をつまんで心のなかからリンゴの知覚を取り除いたとき、もはやリンゴは存在していないということになるのではないか。そして再び目を開け、リンゴを見て匂いを嗅ぐとき、リンゴは再び存在するものとして現れたことになるのか。これはどう考えても不合理であろう。リンゴは私の心から消えたとしても、それ自体として持続的に存在しているはずである。部屋に放置していたリンゴがいつの間にか腐っていたなら、それは私の知らない間にリンゴそれ自体が腐敗していったからなのである。[10]　リンゴが単に私の観念の集合体にすぎないならば、私の知らない間にリンゴが腐敗することはありえないはずである。このように、唯心論の難点の一つが外界の存続を説明することが困難になるという点である。

　もう一つが、他者の存在である。他者は私から独立した存在だととらえられるが、リンゴの事例を同じように当てはめてみると、他者の身体もリンゴと同じように諸々の性質の集合体と見なすことができるはずである。そうすると、他者は私の心のなかの観念としてのみ存在することになる。当然、そこには他者の心の入る余地もないことになる。これは唯心論から唯我論（私の心だけが存在する説）が導かれることを意味している。しかし、これはどう見ても現実に受け入れることのできない帰結であろう。もしこの議論に一貫性をもたせるならば、他者から見れば私は独立した存在ではなく、私はその他者の心のうちに観念の集合体として存在しているにすぎないということになり、私の心が存在する余地はないということになる。これは明らかに不合理である。この不合理をさけるには、私と他者はそれぞれ独立した存在であると認めるほかにない。唯心論では説明できない他者の心の存在という問題がここにある。

10）これは第1章第1節でも検討した問題である。

4 ｜ 二面論 ——スピノザとネーゲル

　前節までに見たように、心と物体のどちらかを他方に還元してしまおうとする唯物論や唯心論には困難が見出される。唯物論や唯心論をとりえないとすれば、どのようにして心と物体の双方の特性をとらえたままで両者の関係を矛盾なく説明できるか、という問題になってくる。そこで考えられる立場が二面論である。これは、心身二元論的立場から生じる問題を回避しつつも、心と物体のどちらの説明も可能にする立場である。この二面論的な考えの古典的な発想はスピノザである。スピノザの説は、一般的に「心身並行説」と呼ばれている。この説を理解するためには少しばかりスピノザの哲学を説明しなければならない。

　主著『エチカ』[11]によると、神のみが世界の唯一にして無限の実体（他に依存せずそれ自体で存在するもの）であるとされる。神はまた無限の属性をもち、そのうちの二つが「思考」と「広がり（延長）」である。実体としての神を究極的な原因として、「思考」と「広がり」をもった個別的なもの（これを様態という）が生みだされる。個々の人間にとって「思考」は心（精神）の本質をなし、また「広がり」は身体の本質をなすといってよい。世界のあらゆる事物（自然）は、唯一の実体である神が原因となり、個別化したものにほかならない。これを神即自然という。私たち人間は有限な個別者でしかないから、神の無限な属性のうち「思考」と「広がり」しか知りえず、この二つの属性にまたがった存在である（なぜこの二つなのかは、スピノザにとっても謎である）。そして、この属性同士は、それぞれ独立したものであって、心は心とのみ作用し、物体は物体同士としか作用できない。[12]　そうすると、

---

11) スピノザ［20］を参照。
12) 心が心だけと作用する場合、私の心と他者の心がどのように作用し合うのか。本章第1節でも検討したように、お互いの身体を媒介にしなければ意思疎通は不可能である。スピノザがこれをどのように考えたかは一つの問題ではあろう。

心と身体は相互に作用していないということなのか。そのとおりである。スピノザの心身並行説は、そもそも心と身体が相互に作用することを否定する。両者は異なる属性である以上、相互に作用することは不可能である。

　したがって、あたかも心と身体が作用しているように見えても、現実には作用しているのではない。それは事象に対する二つの見方の表れにすぎないのである。心は心同士の作用の領域である精神界をなし、物体は物体同士の作用の領域である物体界をなす。精神界と物体界は世界に対する二つの見方である。具体的な例を挙げて説明してみよう。ケガをした場合に、ケガと痛みが相互に作用しているように見える。ケガを原因として痛みが結果として惹き起こされたのだと考えたくなる。しかし、そうではない。ケガと痛みは原因と結果の関係にあるのではなく、物体界（つまり身体）から見るとケガであるが、精神界から見ると痛みとして表れているだけである。一つの事象を精神的な面からみれば痛みとしてとらえられ、物体的な面からみればケガとしてとらえられる。ケガと痛みは並行関係にはあるが、相互に作用してはいない。それにもかかわらず、しばしばそれらは同時に見出されるために、一方が原因で他方が結果だという誤解を生んでしまう。ところで、精神界も物体界も究極的には、実体である神に根拠をもつ。その意味で、スピノザの哲学は実体一元論であって、心身並行説は神の二つの属性から心と物体という二つの面としてとらえられるということである。この説は二元論ではないため、心と物体という別種のものがどのようにして相互に作用するかという難問を回避することができる。とはいえ、一つの属性だけであれば、単純な話だったのだが、先に述べたとおり、人間はどういうわけか二つの属性にまたがる（ある意味でやっかいな）存在なのである。

　並行関係をもう少しみていこう。心と物体は異なるが、お互いに並行して対応関係にあるとする。ある脳状態Aは心的状態α、脳状態Bは心的状態βのように、それぞれ対応関係にあると見なせるだろう。心的状態をαからβへと変化させたいとき、それに並行・対応した脳状態をAからBへと変化さ

せることができれば、α→βを実現することができるということになる。このようにして、私たちはこの対応関係を利用することが可能であるかもしれない。[13]　しかし、なぜ脳状態Aが心的状態αなのかは、結局のところ謎である。世界を物体界から見た場合と精神界から見た場合において、両者がどうして並行・対応関係にあるのかは、そうなっているからとしかいえない。脳神経科学などの自然科学の進歩によって、どれほど精密に両者の並行・対応関係を記述できるようになっても、なぜこの神経細胞の働きがある種の心的状態を指すのかは依然として説明されないままであろう。

　現代の私たちの目からすると、スピノザの心身並行説は実体たる神を根拠としている点で受け入れがたいかもしれない。現代哲学において、こうした形而上学を退けつつ二面論的立場をとる哲学者の一人にトマス・ネーゲルがいる。スピノザと同様、ネーゲルもまた心と物体を世界の現実の二つの面としてとらえようと試みる。その意味において二元論ではないが、かといって一元論をとるというのでもない。ネーゲルは、私たちが現実世界を主観的観点（内側からの視点）と客観的観点（外側からの視点）の二つをとりうるとし、前者からは心的現象が、後者からは物理的現象がとらえられると考える。世界の現実とは客観的な物理的世界のみならず、心的世界をも包含するものだという立場にたつ。[14]　注意すべきは、主観的視点からとらえられる心的世界とは人間のみならず、他の生物種（例えば、コウモリなど）がもつと想定されるものをも含んでいる。それらをすべてひっくるめて、世界の現実を構成するものだととらえている。ここにはネーゲル独特の現実把握がある。もちろん私たちは自分自身、そして人類という同種の心的世界しかとらえるこ

---

13) しかし、脳状態Cが心的状態αでは絶対にありえないのか。脳状態Aと心的状態αが例外なく一義的に対応しているといい切れるのかどうかも問題ではある。というのも、「痛み」を感じている心的状態に、脳状態X, Y, Z…という複数の脳状態がありうることも否定できないからである。
14) ネーゲル［23］および［24］の第3章を参照。

とができない（人間である私は、自分の心的体験から他の人間の心的体験の存在をも認識する）。コウモリは人間とはまったく異なる感覚器官を備えており、空間の認識をみずから発する声の反響をいわば聞くことで獲得する。コウモリが聞くことで見ている（空間を認識する）ということは、解剖や生態の観察を通じて私たちも理解することはできる。けれども、彼らの心的世界を直接的にとらえるすべをもち合わせてはいない。ネーゲルは、人間の心的世界の現実とはまったく異なる心的世界の現実をコウモリがもっているとしても、それもまた世界の現実を構成するものの一部に見なすべきだという。そして、さまざまな種の主観的な現実がとらえている世界と、そうした種を超えてとらえられる客観的な世界の現実、という二つを認める。前者は内側からの視点としての心の領域であり、後者は外側からの視点としての物体の領域である。二つの領域は、私たちの世界の現実の二つの面としてとらえられる事実にほかならない。ネーゲルは、哲学的問題がまさしくこの主観と客観（内側と外側）という二つの視点を人間がとりうるところから生じると考える。その意味において、心身問題の決定的な解決策はいまだ見出されてはいないと認める。ただし、この問題を手がかりとして、世界の現実をとらえるさまざまな可能性を模索している。ここには事実を冷静に見極め、解決できていない点を率直に認める真摯な態度がある。

　心身問題は、どの立場をとろうとそこから別の問題が生じてくるという大変やっかいなものである。通常、こうした問題を疑問に感じたりはしない。けれども、一歩（ほんの少しでよい）進んで世界のあり方を考えれば、すぐさま直面せざるをえない問題である。このことは私たちが一義的に定まるような世界観に生きているわけではないことを示唆しているように思われる。先に論じた唯物論的世界観を私たちが疑問なく支持していれば、心身問題が生じる余地などはないはずだからである。たとえ問題を回避できるからといって、私たちは無批判に唯物論を支持することはしないであろう。哲学的な問題に目を向けるとき、私たちの抱いている世界観にはそこかしこに綻び

があり、そこから説明のつかない世界の現実があることに気づかされる。一元論的立場にせよ、二元論的立場にせよ、何らかの絶対的な立場によって世界の現実が説明できればそもそも哲学的な問題は生じないであろう。だが、そう簡単にはいかない。世界についての絶対的な説明は可能なのか。人間が人間である限り、それは不可能であるように思われる。そうすると、こうした問題に対してどのように対処すべきなのか。それはやはり人間というもののあり方に立ち戻って考えるしかない。まずは人間、私たち自身を把握していくこと、これをゆるがせにしないことである。アリストテレス以来、人間は理性的動物であると定義されてきたが、人間の理性というものも現実世界をとらえる一つの尺度と見なされるべきであろう。生物としてのヒト、一般的かつ日常的な表現としての人間とは区別して、人格という表現もある。人格には、理性、自由、法、責任などの行為主体性を含意した人間のあり方が表されている。次に人格概念の検討を通じて、心身問題の射程をさらに広くとらえることとしたい。

5 ｜ 人格とその同一性の問題

　ジョン・ロックは人間と人格を別の概念として取りあつかったことで知られている。[15]　人間は生物としての人間あるいは身体に焦点を当てた概念であるのに対し、人格は理性的存在者としての人間あるいは心（意識や精神といってもよい）に焦点を当てた概念として区別される。[16]　そのうえで、法的、道徳的な観点から問題となるのは後者の方である。つまり、行為の主体という点で、責任が問われるのは身体としての人間というよりも、むしろ過

---

15) ロック［38］の306頁以下を参照。
16) 現代の哲学者では、ストローソンは人格をもっとも基礎的な概念としてとらえており、人格概念から心と身体という二つのとらえ方が派生するとした。これは前節の二面論の一種としても理解される。ストローソン［18］を参照。

去の行為を記憶（意識）している心としての人格であると考えられる。

　ロックは、ある人間の心が別の人間の身体に乗り移るという思考実験を考え、身体が別人になっても心の連続的なつながりの方に道徳的な行為の主体が見出されるであろうと主張している。しかしながら、すでに指摘したように、私たちは他者の心を直接見ることができない（ロックは主体の記憶を手がかりにするが、他者の記憶も直接見ることができないという点では同じである）。それゆえ、上記の思考実験に関して第三者が心の乗り移りを判断する手がかりは、その人物の言動や振る舞いを観察すること以外にはないだろう。そうすると、もしその人物が優れた役者であって、かりに当の乗り移ったところの人物の行動や振る舞いをそっくり模倣しているとしたらどうか。（本人はともかく）第三者には、どうやっても心が乗り移ったかどうかを確かめることは困難であろう。そのため、心の乗り移り（これは生まれ変わりの事例にもあてはまる）を間違いなく確かめる手段はなさそうに思われる。

　では、心だけが別人に乗り移るのではなく、脳を別人の身体へそっくり移植した場合にはどうであろうか。脳以外の部位（例えば、腕や何らかの臓器）を移植するケースよりも、その人の心が脳といっしょに別人の身体に乗り移ったと想定できるかもしれない。もし脳の神経系の働きがその人の何らかの行為を惹き起こすと考えるならば、脳の移植によって、性格や振る舞いもそっくり入れ替わることになるだろう（身体のちがいによる多少の不便があるとしても）。この場合、人格の同一性は脳の同一性に置き替えられるように思われる。ならば、人格とは脳のことなのか。けれども、次のような想定は人格を脳と見なすことを困難にするかもしれない。すなわち、脳（の機能・情報）というものを完全にコピーできる技術が開発された場合や、また二人の脳の部位（右脳と左脳でもよい）をたがいちがいに入れ替えた場合である。前者のように脳（の機能・情報）が完全にコピーされうるとしたら、一人の人格から複数の人格を誕生させられることになるであろう。また後者のように、脳のある部位を入れ替えたとしたら（例えば、別の人間の右脳を移植さ

せられたならば)、その人は依然として同一な人格なのだろうか。ここには人格＝脳というだけでは解決できない問題がある。そもそも人格という概念が問題になるのは、私たちがある行為の主体を問題にするからである。つまり、「誰が行為したのか」は、社会生活を送る私たちにとって重要である。そして、人格が同一であるととらえているからこそ、私たちは(過去の)ある行為の責任を問うことができる。しかし、これまで見てきたように、他者の心を直接見ることができない以上、心(記憶)の同一性は決して確固たるものではなかった。同時に、脳の同一性にも決定的な解決は見出せそうになかった。そうして見ると、人格の同一性という問題そのものが成立しない、あるいは単なる虚構であるという考えに傾きたくなる。

　問題を整理するために、あらためて日常性に立ち返ってみよう。ふだん私たちは、過去の自分と現在の自分が同一の人間、人格であると認識しているし、他者に関しても同様である。しかし、過去の出来事や体験は何十年も生きていれば、断片的にしか覚えておらず、大部分を忘れ去ってしまっているという点で(何十年間にわたる体験をすべて正確に覚えていられるというのは特異能力である)、記憶は過去の自分と現在の自分を明確につないでいるようには思われない。そうすると、記憶だけでは足らず、身体的な同一性も必要になってくる。なぜなら、客観的に判別できるものは物体の同一性だからである。ところが、物体の同一性についても簡単にはいかない。いわゆる「テセウスの船」の問題である。[17]　生物は細胞が日々少しずつ入れ替わっているのだから、十数年前の私を構成した細胞と現在の私を構成している細胞はほぼすべて入れ替わっているはずである。そうすると、身体についても同一性は保たれないように思われる。もちろん、昨日と今日の身体を考えた

---

[17] テセウスは古代ギリシャの英雄。物体の同一性に関する哲学的難問を指す。すなわち、古くなった船の一部を少しずつ新しい部品に入れ替えていき、最後に船の元々あった部分がまったくなくなったとしたら、それでもその船は元の船と同じといえるかという問題。

場合には、ほとんど細胞が入れ替わっていないとすれば、程度の差によって同一性は保たれている。しかし、一昨日、一ヶ月前、一年前……のように過去に遡っていくと、現在の身体との差は徐々に開いてくる。そして、ついに過去のどこかの時点と現在の細胞は完全に入れ替わっているであろう。それにもかかわらず、私たちは過去の自分（たとえ数十年前であっても）が現在の自分と別人格であるとは判断したりしない。

　以上の議論を踏まえると、人格の同一性の基準は必ずしも一義的な仕方（心や記憶の同一性など）で定まるものではなく、ましてやそれに絶対的な基準などありはしないであろう。とすると、同一人物あるいは同一人格ということは、あくまで単なる仮定にすぎないということになるのであろうか。確かに、それは心（や記憶）や身体（や脳）などの私たちを構成しているものの複合的な仕方で定められるものであり、ゆるやかな連続性のもとでしかとらえられないものに思われる。脳あるいは生体情報といってもよいが、それが完全にコピーされて私の完全なクローンが作製されることになったら、私は二人に増殖することになってしまう。あるいは右脳と左脳を分離して、別々の身体に移植されたら、私は二人に分裂することになろう。そのときの私は、同じ私なのであろうか。増殖した私は私ではないように思われるし、分裂してしまったらそれも元の私ではないよう思われる。過去の私と現在の私は、先ほども述べたように細胞は完全に入れ替わっているのかもしれない。けれども、私自身は過去と現在においてゆるやかに連続性が保持されていると考えており、特別な場合（例えば、事故で記憶を喪失するなど）を除けば過去の自分のことを自分ではないとは通常は思わない。人格の同一性という問題は、私自身の内的な観点からとらえられる私自身の特権性と無関係ではないと思われる。[18]　私のクローンが別個に作られたとしても、そのクローンは私そのものではないことが明らかである。対して、他人の脳の一部が移植さ

18）これらの論点については、ネーゲル［24］の第3章第3節以下を参照。

れた場合には、私が依然として私自身でいられるかどうかに自信をもてないにちがいない。

　このように主観と客観の両面から見ても、人格の同一性には解決が困難な問題をはらんでいる。とはいえ、ロックが主張したように人格は法的、道徳的な問題において重要性をもつということは正しいと思われる。というのも、社会において、誰かが誰かであり続けるということは重要だからである。通常、人間と人格の区別は不要であって、同一と見なされている。しかし、心神喪失状態にある人間の行為を罪に問えないという場合には、両者は区別されなければならない。それは、その人格が行った行為とは見なされないからである。私たちは、行為主体として見なされているのであり、その点において単なる事物とは異なっている。内的な連続性の認識は本人のみがとらえられるものであって、外側から見た場合にはその発言や振る舞いとの整合性のもとに判断が下されることになる。そういった点からいえば、人格の同一性は社会的な文脈において記憶、意識、身体、脳等々の複合的な状況で判断されるものである。もちろん、その判断においては科学的知見も考慮される。脳移植のようなSF的な発想が、人格の同一性のとらえ方に影響を与えることは何ら不思議ではないのであり、したがって、どのような基準で同一性をとらえるのかは、社会的な枠組みと科学的な知見との相互関係のなかで検討されていくべきものといえよう。誰かの行為の責任を問うということは、私のみならず、他者の人格が同一的に存在していることを要求するものである。社会においては、私自身の心だけではなく、また他者の心という問題に直面せざるをえない。

6 ｜ 他者の心という問題

　私は身体とは別に心もある。そのように自覚している。だが、私以外の他者はどうであろうか。当然、他者についても私と同様に心をもつと考えてい

るわけだが、私が私自身の心をとらえているように、他者の心をとらえることはできない。他者は私にとってどこまでも身体的な存在にすぎないからである。日常生活では、他者の振る舞いや表情、仕草などを通じて、他者の心というものをとらえてはいる。けれども、「痛い」ということと、「痛いように振る舞っている」ということは別である。役者が痛みを演じることは、役者自身が痛みを感じていることとはまったく異なっている。身体的な振る舞いが、すなわち心の状態であるとはいえない。どれほど精巧な人型ロボット（アンドロイド）をつくることができたとしても、それは心をもつことはできないのではないかという問題も、外面的な振る舞いからは直接的に心の存在を確かめることができない、という点から生じてくるものであろう。まずは問題を整理しよう。

　私たちは通常、他者はもちろんのこと、身近な動物である犬や猫などについても単なるロボットとは見なさない。そうした動物にも、人間の心に似た何かをもっていると見なしている。それに対して、人工物についてはそうではない。複雑な機構をもった自動車であろうと、コンピューターであろうと、私たちはそこに心に似たものを見出したりはしないであろう。そのため、複雑な機構を備えたアンドロイドについても、それが人間のように振る舞う（例えば、痛がる）ことで、あたかも心があるかのように見えたとしても、これは私たちが心をもっている（痛みを感じる）のと同じではないと考える。人間や犬や猫が感じるような「痛み」をアンドロイドは感じないであろう（いわば、ストーブが痛みを感じないのと同様に）。それは単に生物と人工物とのちがいのせいなのだろうか。たとえ生物であっても虫や植物は、私たちが感じるような痛みを感じているのかどうかは分からないように思われる。つまり、（系統樹的に、といってもよいが）人間から種が離れていくごとに、その感覚は理解できないものになっていく。このことは結局、自分の心を投影できる範囲でのみ「痛み」の感覚が認められることを意味しているのであろうか。

ウィトゲンシュタインが鋭く指摘したように、[19] 心というものを私秘的なものだととらえている限り、心という概念を明確に理解することは不可能であろう。「痛み」のような概念も私にとっての単なる私的言語[20] のようなものにすぎないとなれば、「痛み」という言葉そのものが空疎なものになってしまう。つまり、「痛み」という語の意味は、他者との言語使用において、そのもとではじめて成立するものである。だが、問題となるのは、人格の同一性の場合と同様、私の心というものの特権性であり、私秘性である。私がもしかりに無人島でぽつんと一人で暮らしていたとすれば、私と他者との区別がなく言語も不要になる。そうすると「痛い」という言葉は単なる叫び声とちがいがないということになるのかもしれない。

　犬や猫などの私たちと生活をともにしている動物は、言語を解さない。その意味において、犬や猫は、他の人間が感じる「痛み」と同じ「痛み」を感じているとは確証できないように思われる。確かに、彼らの内的世界があるとしても、人間のそれとはかけ離れたものであろう。それにもかかわらず、系統樹的に近いことから類似する身体機構（神経系等）に関連して、負傷等による振る舞いを動物の「痛み」として類推してとらえることは必ずしも不合理とはいえないと思われる。「痛み」の意味というものの範囲は、言語を共有する他者の心を超えて、動物へと拡張されていくことが可能であろう。私たちは自分以外の内的世界の存在を措定する可能性をもっているはずである。

　アンドロイドは、生物のもつ内的世界をもちうるだろうか。たとえ、それがどれほど複雑な動きを示すとしても、それは内的世界の直接的な存在を示していることにはならない。人間によってあらかじめ定められたとおりのことだけを実行している限りにおいて、アンドロイドには内的世界を認めるこ

19）ウィトゲンシュタイン［4］を参照。
20）ウィトゲンシュタイン［4］で用いられる哲学用語。私秘的な体験だけを記述する言語は成立しないとウィトゲンシュタインは論じた。

とは難しい。みずから状況において判断を下し、かつ自己の存続のために環境に適応することができたとき、私たちはそこに心のようなものを見出すかもしれない。つまり、アンドロイドが単なる人間の道具として存在しているだけではなく、同時に地球上で自律的な存在であるかどうかに、その内的世界の存在は依存しているように思われる。犬や猫などの動物、それどころか虫や植物であっても、彼らには彼らの自律的な生存があり、ただ人間のためだけに存在しているのではない。そこに生物と人工物の決定的な相違があり、私たちがたとえ虫や植物に内的世界のようなものを認めることが困難であったとしても、なおその生命というものに特別さを見出しうる根拠がある。このようにとらえて見ると、人間以外の生命とのつながりという点も無視することはできないであろう。

　一例として、自然と人間社会が極めて一体的な関係性を保っている宗教的世界観にトーテミズムがある。[21]　トーテムとは、ある部族内の親族集団の祖先として位置づけられる動植物のことである。その親族集団はトーテムへの危害をしてはならないという禁忌（タブー）をもち、トーテムへの祭礼を行ったりもする。トーテムは、集団内の象徴的な関係や社会構造と関わっているが、その世界観のうちには人間の根源的な動植物との生命的な一体感を見出すことができるかもしれない。都市文明以前の人間は自然界の一部分にすぎず、そのなかで人間社会が形成されていた。人間は他の生命とともに地球上に生存してきた存在である。それに対して、アンドロイドのような人工物が他の生命のような自律的な生存を獲得しうるのかどうか。それは現時点では謎のままである。とはいえ、もしアンドロイドが生命といえるようなものを獲得して、地球上で自律的な生存をしている一員となりえたならば、そのとき人間はアンドロイドにも内的世界を認める可能性が開かれることになるかもしれない。

21）トーテミズムについては、例えばカッシーラー［7］332頁以下を参照。

さて、私というものは世界から切り離されたものとして、どこまでも切り詰めていくことができた。その果てが、心の私秘性といわれるものであった。けれども、すでに論及したとおり、私たちは自己の私秘性のうちにとどまっていることはできない。誰しもが私たちという共同性のなかへと入っていかざるをえない。いやむしろ、私が私としてあることと、他者の心の存在は表裏一体的なものとしてとらえられなければならない。私という存在は、世界のなかで特権的なものだという考えを抱きつつも、他との共同性のなかで存在することになる。こうして、私、私たち、そして世界というものが、どのような関係性にあるのか、哲学はこの問いを完全に解決することが不可能であるとしても、どこまでも問い続けざるをえないのである。

7 ｜ 哲学と人間

　本章では心と物の関係に関連するさまざまな哲学的な立場や問題をあつかった。そこで見たように一元論や二元論のような、ある特定の立場から出発することは簡単である。しかし、重要なのは、問題が生じてくる根源を見据えることであろう。哲学的な問題は、ある決まった学問的方法（自然科学など）によって簡単に解決できるようなものではない。だからこそ、こうした問題を見据えながら、世界や私というあり方を徹底的に考え抜くことが大切である。哲学は知的な活動であって、思考することを第一の手段としている。もっともその思考方法は、当然、無から出発するものではなく、これまでの哲学の歴史を通じたさまざまな問題意識を前提としており、同時に哲学をする個人の世界観というものも関係している。哲学的問題の検討を通じて、世界のあり方を一義的に定めることがいかに困難なものであるかを理解するのである。

　そして哲学的思考は、人間に特有なものである。さまざまな学問が有用性や効率性などの人類の福祉に役立っている。けれども、アリストテレスが

哲学的活動を観想（テオーリア）的生活として呼んだように、それは生存に必要な何かを満たすためのものではない。世界に関するさまざまな問題を発見し、それに対して思考・探究しようとする知的営為そのものに意義がある。人間は世界全体を知ろうとする。しかし、その知の完全な体系化は不可能であるように思われる。それにもかかわらず、人間は世界と私のあり方を包括的にとらえるような世界観を作りあげようと試みるかもしれない。歴史的に見ると、さまざまな世界観こそこれまで人類が作りあげてきたものにほかならない。

　こうしたあり方は、哲学的人間学という問題を提起する。人間を単なる科学的な手段によって、生物学的、心理学的、脳神経科学等々によって分析することはもちろん有意義だとしても、それでもなお、「人間とは何か」という全体的かつ包括的な問いに完全な決着はつかないであろう。むしろ、私たち人間は、世界をとらえるあらゆる表現手段を編み出すことで多元的に世界を把握することが可能である。その多元的な世界把握のもとにある生のうちに、人間の本源性の現れを見ることができるのではないかと思われる。

第3章

自　由

1 ｜ 決定論と自由意志

　普段、私たちは自分の意志で物事を決めていると思っている。何をするにしても——夕ご飯に何を食べようか、食後の余暇をどうすごそうか、次の休日の旅行にどんな計画を立てようか等々——、自分の意志で自由に選択して決定していると思っている。要するに、私たちは自分の選択を可能にする自由な意志をもっていると考える。ところが、いったん自分以外の事象に目を向けたとたん、すべてが意志と無関係に決定されているように思われる。物体（例えば、岩石）が落下するのは物体がみずから落ちようという自由な意志をもっているからではなく、そのように自然の法則（自然の摂理といってもよいが）によって定められているからだと考える。外的な事象はすべて原因と結果を結びつける何らかの法則にしたがって起こるととらえている。とはいえ、もちろん自分以外の他者に関しては、単なる物体とはちがって自分と同じ自由意志をもっていると見なしている。それにもかかわらず、同時に他者の行為もまた外的な事象と同様に自然の法則によってあらかじめ決定されていたと考えることもできる。他者は自由に行為しているように見えても、実は自然の法則によって完全に行為が決定されていたととらえることもできる。さて、そうすると私自身の自由な行為以外、世界のあらゆる事象はあらかじめ決定されていたのだろうか。

　私一人だけが例外的に自由な存在だという主張は、自由に関する独我論と

いえよう。確かに私の〈視点〉から見ればそうなるかもしれない。けれども、他者が私を見る場合、つまり他者の〈視点〉に立つならば、私の自由な行為とされる事象も、すべてあらかじめ決定されていたと見なされうるはずである。それゆえ、私が自分の自由な意志で選択したと思っていることは、実は単にその原因を知らないだけであって、自然の法則によってあらかじめ決定されていたのかもしれない。そもそも私自身も世界の一部にすぎず、なおかつ世界の事象がすべて各々の法則にしたがって起こっているとすれば、私自身の選択も世界の法則にしたがっていると考えるほかはないであろう。カントは、この問題を次のような二つの命題の対立（二律背反）として定式化した。

定立「自然の諸法則のしたがう因果性は、世界の諸現象がそこからことごとく導出されうる唯一の因果性ではない。さらに自由による因果性がそれらの諸現象を説明するために想定される必要がある」

反定立「いかなる自由もなく、世界におけるすべてのものはもっぱら自然の諸法則にしたがって生起する」[1]

　定立は世界の事象を説明するものとして、自然法則の因果性のほかに自由による因果性をも認める立場である。それに対して、反定立は自由による因果性の説明を認めず、世界のあらゆる事象は自然法則の因果性にしたがうものとしてのみ説明されうるとする立場である。後者については自然法則によってすべてが決まるという意味で（因果的）決定論であって、決定論の正しいところに自由意志の入りこむ余地はない。つまり、この場合には決定論と自由意志は両立できない。そうすると、自由意志という概念は単なる虚構

---

1) カント［8］239頁。なお、ここでの引用では原因性を因果性と訳しかえている。

（フィクション）ということになり、私たちは自由意志に基づいて行為していると思っていても、実際にはそれはあらかじめ決定されていたということになる。[2]

　あるいは、決定論と自由が両立不可能なもので、それでいてなお自由意志を認める場合、自由な行為は自然法則などの原因なしに起きるものだと理解されるかもしれない。いわゆる行為者から開始される因果性である。だが、原因のなさが自由意志の根拠であるとすると、それは無から有を生み出すようなものであろう。これは、この世界に縦横無尽に張りめぐらされている自然法則の因果連関のもとで私だけ（あるいは人間だけといってもよい）がその因果の網の目のなかに介入し、新たに因果連関を始めることができるということを意味している。例えていえば、世界を無から創造したユダヤ・キリスト教の神のような地位を人間に想定するようなものであろう。確かに、私は自分の意志で自分の行為を選択しているという実感を抱いている。とりわけ自分の将来を展望して熟考を重ねたうえで、選択する場合にはなおさらである。つまり、決めているのは自分だという自律の直観をもつ。だからといって、決定に際してまったく何の影響も受けていないということはありえない。なぜなら今、自分の置かれた体調、気分、培った経験や他者の意見等々、さまざまな影響下で選択しているからである。その意味において、私たちにとって自由意志は無から有を生み出すものだとはいいがたい。それにもかかわらず、自由意志に他の影響から独立した何かを見出そうとしてしまうのである。

　そもそも自由意志を考えるために、あらためて日常的な場面での自由に立ち返って考えてみよう。まず、身体的に拘束されている（例えば、両手両足が縛られている）状況では、到底私は自由であるとはいえない。あるいは何らかのケガや病気によって、手足が麻痺しているような状況も同様であろう。

2）この自由と決定論の両立論と非両立論に関する資料としては、野矢［25］がシンプルに整理されており、分かりやすい。

その際、私は自分の意志にしたがって、手足を動かすことはできない。もちろん、この場合でも自由に思考をめぐらせることは可能ではある。しかしながら、思考ができても手足を動かせなければ、ふつう自由だとはいわない。このことは、自由の必要条件として、まずは身体的な制約がない状況を想定しなければならないということを示唆している。だが、身体的な制約がなければそれで十分かというと、そうではない。手足が縛られていなくても、精神的に拘束されることはありうるからである。例えば、拳銃を向けられて、「動くな」といわれて動くことができるだろうか。確かに手足は自由である。そうだとしても、命の危険を冒してまでこの状況で動くことは、多くの人にとって不可能である。このような脅迫は、ほとんど選択の余地がないという点で、私たちの自由を奪うものだと考えて間違いはない。もちろん、精神的な拘束には、拳銃による脅迫のような極端な事例以外に、さまざまな段階や程度というものがありうる。会社での上司の命令は、それが業務に関わるものならば、強い拘束をもたらすと思われる。けれども、究極的には会社を辞めてしまえば（あるいはクビを覚悟するならば）その命令にしたがう必要はなくなる。ここで上司の命令にしたがうか、会社を辞めるかの選択は自由なものだといえる。その意味において程度の差はあれ、選択の余地があるかどうかが自由にとって必要な条件である。

　このように、日常においては身体的かつ精神的な制約がない限り、私たちは自由な存在であると見なされている。[3]　とはいえ、これらの条件は先の決定論を何ら反論するものになってはいないことは明らかである。というのも、身体的な、また精神的な拘束などはなく、さらには選択の余地があったとしても、もし自然法則によって世界の（私の行為を含む）あらゆる事象が決定されているならば、物体が法則にしたがって落下するように、どのよう

---

[3] 当然ながら社会的な自由の問題もある。例えば、性別によって職業や教育などが制約されている場合の問題である。これは、政治哲学の領域で論じられる。

な行為もあらかじめ決定されていることになるからである。決定論的な文脈からとらえられる限り、自由の余地はどうしてもなさそうに見える。やはり自由意志は虚構にすぎないのだろうか。

2 ▎ ストローソンの反応的態度

　ストローソンは『自由と怒り』[4]という非常に有名な論文において、自由というものを私たちの日常で見られる「反応的態度」といわれるものからとらえようとした。例えば、満員電車に揺られて移動中だと考えてみよう。電車が何らかの理由で急ブレーキをかけた拍子に、隣に立つ人物が思わず（強い揺れに逆らえず）私の足を踏んづけたとしよう。この出来事は私にとって腹立たしいものだが、かといって私は踏んだ相手をことさらに（文句の一つ二つはいうかもしれないが）責めることをしないであろう。なぜなら、相手はわざと私の足を踏んづけたわけではなく、その出来事はあくまで不可抗力の結果にすぎないと分かっているからである。しかし、もし相手が不可抗力と見なせる状況下にないにもかかわらず、突然いらだち紛れに私の足をわざと踏みつけにしたならば、私には激しい感情的な困惑（怒り、驚き、恐怖等々）が惹き起こされるにちがいない。これがいわばストローソンのいう「反応的態度」に相当するものであるが、なぜ前者と後者で私たちに「反応的態度」が生じたり、生じなかったりするのか。ストローソンは、私たちにこうした「反応的態度」を惹き起こすような行為が自由と結びついていると考える。
　また、次のような事例も考えてみよう。ある時に通りすがりの誰かが私を傷つけたことがあり、それ以来この見知らぬ人物に対して私は怒りと憎しみ

---

[4] ストローソン［19］。ストローソンの枠組みをもとに人間にとって不可欠な自由と責任との密接な結びつきを論じた著書として、山口［36］の第8章を参照のこと。

を抱いていたとする。後に、その人物が何らかの精神的な問題（疾患等）を抱えていることを知ったならば、当初、相手に抱いていた怒りや憎しみが多少弱まることを感じるであろう。その理由は、相手の行為が不可抗力に似たようなものだと見なされうるからであり、それによって当初に抱いていた「反応的態度」に変化が生じたからである。それは犬や猫などの動物に対しても同様である。飼い犬が通行人を襲ったとしても、その通行人は飼い犬を責めるのではなく、むしろ飼い主に対して怒りをもち、責めるはずである。このように、私たちは人間の自由な行為と見なされるものに対してのみこうした態度をとる。そして、これはネガティブな反応に限らない。相手から受けた厚意についても、それが自発的なものだと思えばこそ感謝の気持ちが生まれるのであり、強制的あるいは義務的な行為についてはそうした気持ちは生まれにくい。

　こうした問題は犯行が故意か過失か、としても語られうる。過失よりも故意に犯した罪の方が重いというのは、故意は本人が自由意志で罪を犯したと見なされているからである。[5]「そうすることを意図して行ったのか」、それとも「そうすることを意図していないのに（ミスなどにより）行ってしまったのか」という両者の相違は、犯人を責める気持ちに大きなちがいをもたらす。「そうすることを意図した」ことのうちに「そうしない」自由もまたありえたのではないかと、私たちは考える。

　それゆえ、ストローソンが指摘したように、もし私たちが決定論的世界観に染まりきっていたならば、あらゆる行為を不可抗力の結果（そうなるべくしてなった）としてとらえるほかなく、「反応的態度」を示さないような諦観をもって対応することになるかもしれない。こうした「永遠の相のもとに」

5）　もちろん、故意と過失というのは完全に二分化されうるようなものではない。未必の故意や重過失などのようなものもあり、個々の出来事の様態ごとに判断されるべきものである。これらについての哲学的考察としては古田［30］に平易かつ詳しい分析が見られる。

（＝必然的な生起のもとに）事象を見るような観点は、もしかすると世の中の不条理や他者の悪意などに苦しめられている人々にとっては、あるいは救いや慰めになるかもしれない。

　着目すべきは、「反応的態度」のうちに私たちの自由を見出すことにあり、自由はいわゆる因果的な決定論と無関係であるという点である。先に見たように、自由と決定論を関連づけるやり方は、ある意味で自由を袋小路に追いやるようなものであった。それに対して、「反応的態度」に自由な行為を見出そうとするやり方は、私たちの日常のなかに自由が位置を占めていることを意味している。要するに、自由とは物理的世界というよりも、むしろ私たちの暮している社会生活のなかで意義をもつものであり、だからこそ、当然のように自由には責任が伴うものとして理解されている。

3 ｜ 自由意志と責任

　社会において責任概念は自由意志と切り離せないものとして認識されている。一般的に見て、本人の行為であること、かつ行為が自由に行われたところには責任が生じる。端的にいえば、自由のないところに責任はないとする考え方である（ただし、議論の複雑さを避けるため、ここでは監督責任、連帯責任、無過失責任などはわきに置く）。ストローソンの議論を踏まえると、私たちは相手の行為が自由の結果だととらえる限り、相手を責める、非難するなどの「反応的態度」を示すということである。しかし、その根底には、人はみずからの行為を意図する、意志する、選択する可能性をもつ自由な存在であるという了解がなければならない。そして私たちは自分自身がそうした自由な存在であるという自律的な直観を抱いているはずである。[6]　身体

---

6) ここで議論している「自律」という概念についてはネーゲルから影響を受けた。ネーゲル［24］185頁以下を参照。

的および精神的な拘束がないにもかかわらず、自分の行為についての自律的な直観を欠き、他律的な直観（例えば、自分の行為は何者かに操られているとか、最初から選択の余地なく決まっていたというような直観）を抱いている人はまずいないであろう。

　このことから、身体的および精神的な拘束などのない条件下において、選択可能な状況が与えられているならば、私たちは自由意志で何らかの選択をしたと見なされる。例えば、ある殺人犯が裁判で次のように陳述したらどうであろう。「私が殺人を犯したのは、生来の遺伝のほか私の置かれた生育環境や社会経済的状況等々の原因によってあらかじめ決まっていたことであり、それ以外を選択する自由などなかったのだ。だから、私には何も責任はない」と。これを聞いた私たちは大いに憤慨（反応的態度）するにちがいない。そのとき、私たちは、たとえ当の殺人犯が同情に値すべき状況に置かれていたとしても、それでもなお「なぜそんなことをしたのか」といって彼を非難するにちがいない（遺族などの関係者であったら、なおさらである）。このような非難をするのは、暗に「そうしないこともできたはずだ」という選択可能性、つまり彼の自由意志がその行為を選択したのだと見なしているからにほかならない。身体的、精神的な拘束等々がない条件下においては、私たちは自分自身を自由に行為の選択ができる存在だととらえており、他者も同様なものと見なしている。だからこそ、物理的な不可抗力で動いてしまった人の行為、脅迫で命の危険にさらされた人の行為、心神喪失していた人の行為などは、自由とは見なされない（自律性を欠き、また選択可能性もなかった）と考えて責任が問われない（問われても軽減される）のである。

　くり返しになるが、決定論の立場を取る場合、私たちが普段自由な行為と見なしているもの（つまり、身体的、精神的な拘束のない行為）も、あらかじめ決まっていたものとしてとらえられる。その際、自由意志に基づく行為というものなどなく、それは単なる思いちがいにすぎない。自由意志が偽りであるなら、責任という概念も意味を失うことになり、結果的に行為に対す

る非難や称賛もまた無意味となるであろう。世界がすべて決定され、運命づけられているという観点のもとでは、私たちの「反応的態度」は弱まる。あたかも自分も他者も台本通りに演じる役者のようにすでに決められた振る舞いをし、発言しているようなものである。そのような諦観のもとでは、私たちは他者への怒り、非難、責任あるいは感謝、称賛は失せてしまい、社会のあり方も一変してしまうことになるかもしれない。

　さて、問題に立ち返ろう。私たち行為主体が自律的な直観をもち、自由な選択可能性をもつ存在と見なされるということは、行為主体が一から新たな原因を生じさせるということと同じではない。すでに指摘したとおり、私たちは世界の因果連関に介入して、新たにそれを開始させられるような特別な存在ではない。他の動植物や無生物と同様に、私たち自身もまた世界全体の因果連関の一部分として世界の事象に組み込まれた存在である。人間だけがその例外となる根拠はない。それゆえ、もし自由意志が認められるとすれば、それは因果的な決定論とは別の文脈でとらえられるべきものである。その文脈とは私たちの倫理・共同体的なものだが、自由意志がそこに場所を占めることができるかどうか。この問題に取り組むためには、まず私自身が行為する際に抱く自律的な直観、そして他者に対して「そうしないこともできた」という非難を向けるところの選択可能性を明確にしておかなければならない。

　自律的な直観というものは、私自身が（身体的、精神的拘束がない限り）日常的に行為を選択しているという実感であり、そこには行為の選択に至るまでの思考や推論、そして欲求のコントロールなどが含まれている。[7]　こうした心の働きは広い意味で理性と呼ばれているものである。カントは人間の能力を大まかに欲求と理性とに二分して、欲求を因果連関の側に、理性を

---

[7] 欲求（誘惑）に負けることを、通常私たちは自由ではないと考える。例えば、何らかの依存症の場合、自分の意志だけではどうやっても抗えないから、依存症の患者はその欲求に対してまったく自由ではないといえる。

第3章　自由　｜　61

自由の側に置いた。人間は理性的存在者とされ、動物は理性をもたず（本能的な）欲求だけにしたがって生きていると見なされた。カントにとって、欲求に突き動かされていることは自然法則に服従していることと同義であるから、その限りにおいて自由ではない。つまり、動物には自由がない。それに対して、人間は欲求だけではなく理性ももっているがゆえに、そうした欲求に抗うことができる。理性は自然法則にかわって道徳法則（＝「なすべき」という道徳的義務）に服することを命じるのであり、それにしたがうことが自由であるとされる。[8]

　欲求と理性という二分法は、とても分かりやすいものである。人間は、相手を憎んで危害を加えたいという衝動が生じても「そうすべきではない」という理性の声によって思いとどまることができる存在だともいえる。確かに、人間は他の動物とはちがって知性や理性をもっている。けれども、人間だけが道徳法則にもしたがっているというカントの主張は、人間を特別視しすぎてはいないだろうか。人間も例外なく自然法則の因果連関の一部として規定されていることは疑えない。しかし、そこで自然法則を超越した道徳法則のようなものを想定することは、一種の形而上学的な説明として理解するほかない。そうではなく、カントの言葉を借りるならば、私たち人間は「理性の事実」として自由な存在であると自己理解しているということ——これは、すなわちみずから行為を選択しているという自律的直観の事実——に立ち返ることを意味しているのではないか。

　以上の議論を踏まえると、もはや自律的直観は自分の行為の原因について無知であることからくる錯覚にすぎないと主張することは意味をなさない。というのも、自律的直観が単なる錯覚と見なされたならば、自分自身はもとより、他者をも自然の事物と同様に自由のない存在と見なし、あたかも物体が地面に落下するように選択可能性のない必然性のもとに認識されることに

8）カント［10］を参照。

なるからである。先に述べたとおり、このような見方を真面目にとるならば、自由や責任に基づいた今日の社会のあり方そのものが一変することになるであろう。

　とすると、人間を特別視することなく、自律的直観がどのようにして自由を倫理的、共同体的文脈に位置づけられるかが問題である。再び人間と動物のちがいに目を向けよう。ストローソンは、私たちが人間に対してのみ「反応的態度」をとることを指摘した。これは示唆的である。一般的に私たちは動物の振る舞いに自由と責任を見出さない。それはなぜか。そのシンプルな答えは、私たちは主たる社会の構成員が人間であるという人間社会に身を置いているからである。動物は人間が理解可能な高度な言語をもたず、社会の法秩序に服する存在ではない。もしかりに動物にも自由（と責任）がありうるとしても、それは人間の自由（と責任）とは異なるものであろう。

　私たちが動物の行動を観察するとき、彼らが本能にしたがっているからといって、それが単なる自然法則の結果には見えない場合もある。猫が獲物を狙っているとき、そこには単なる本能的な欲求だけではなく、獲物を捕らえようする意志があり、またどの距離までどのようにして接近すれば、確実に獲物を仕留めることができるのか、といった知能も垣間見える（もちろん、人間の知性とは別種であり、同列にあつかうことはできないが）。こうした観察などから、猫を自律的な存在者と見なすことができないわけではない。このように、動物の自由意志は興味深い問題を提起している。とはいえ、昆虫などの節足動物といった人間からかけ離れた生物については、自由意志があるかどうかを判断するのは困難かもしれない。昆虫の行動に関しても極めて高度な習性をもつものがおり（ハチの巣作りなどを見ればよい）、一種の知能を見てとることは可能である。こうした観点からすると、他の動物種をも自律的な存在者であるととらえることができる。しかしながら、そう見なすのは動物の行動の原因を私たちが完全には把握できていない点に起因しているからかもしれない。いずれにせよ、他の動物種には、人間とはちがい責

第3章　自　由　|　63

任概念が伴うような自由が認められないことは確かである。

　以上から、決定論と自由という問題が、自然と社会の対比される構図のなかに位置づけられる見通しがえられたように思われる。自然に関しては科学が、因果連関のもとに精密なシンボル的体系を形成していく。それに対して社会において、人間は科学的な因果連関とは異なる文脈のもとに置かれ、自律的な存在者として自由と責任が問われる。この文脈の相違は、異なるシンボル的体系のもとに決定論と自由の概念が位置づけられるということである。決定論と自由の概念をめぐっては、第1章でも論及したグッドマンの「慣習の堅守」という問題に通じるものが見出されるかもしれない。つまり、私たちは自由な行為に対してどのような説明方式を慣習としてもち、堅守しているか、という問題としてとらえられる。いいかえると、決定論的な説明方式は人間の行為への完全な適用可能性をもっていない（一部としてはあるとしても）。これについては、私たちは自由と責任という説明方式を適用しているのであり、その適用可能性の上に社会が成立している。ただし、これは絶対的な基準としてあるのではなく、あくまで私たちの世界説明において、人間の行為を自由と責任という文脈で語るという「慣習の堅守」でしかないともいえる。

4 ▎ 欲求・意志・理性

　前節では、カントに関連して欲求に抗う能力としての理性についても論じた。私たちは単に欲求にしたがうのみならず、その欲求に対して熟慮・反省を加えてより適切な仕方で対処することができる。これをフランクファートのように「意欲に対する意欲」（つまり「第二階の意欲」）と呼ぶことも可能であろう。[9]　私たちは絶えずさまざまな欲求（欲求は、「～したい」と

---

9) フランクファート［29］。

いう意志と見なせる）を複数同時にもっている。そうしたさまざまな欲求を考慮したうえで、それらのうちの一つを最終的な意志として実行する。人間は一般的にこうした欲求に対する意志をもつ。人生の目的や計画といった広い視野から自分が本当に望んでいることを意志することができる。これを熟慮する能力、反省能力といっても同じである。

　例えば、理想の体型を目指してダイエットしている人は、甘いものを食べたいという欲求（〜したいという意志）に抗おうとするだろう。「甘いものを食べたい」という意志と「理想の体型になりたい」という意志の二つが衝突した場合に、前者の目先の欲求よりも後者の目的の方を重視することができる。これは、後者の方がその人にとってのより良い人生の価値に合致しているからである（もちろん、この場合、道徳的な意味で価値とは無関係である）。このように自己の内にあるさまざまな欲求や願望を比較し、そのなかから選択ができることが自由だともいえよう。いわゆる意志の弱さの問題は、目先の欲求に抗えず、自分にとってのより良い人生の目的や計画に合致する選択ができない場合に該当する。こうした点から、自由を合理性と関連づける考え方も生まれてくることになる。すでに見たように、カントの場合には欲求は自然法則に、そして自由は道徳法則に結びついており、特に後者の能力は実践理性（＝道徳的義務を意志する理性）とされた。[10]　しかし、ダイエットの事例に見るように、私たちの人生の目的や計画は道徳性と必ずしも結びついているものではない。ここでの自由とは、道徳性という枠組みだけにとどまるものではなく、自分にとって独自の生を選択できることだと考えられる。その点から自由と合理性を結びつけるだけでは十分とはいえない。というのも、他人からは不合理に見えることでも、本人にとってはより良き生の選択であるかもしれないからである。私たちはさまざまな欲求を

10）そうはいってもカントは実用的な理性使用（怜悧の規則などと呼ばれる）を認めないわけではない。しかし、それよりも実践的（＝道徳的）な理性の特権性を説いている。

もち、葛藤しながらも、自分の人生の目的をもって生きている。その生き方を目指すには、そのための選択可能性という意味での自由が必要不可欠である。私たちが各々自分の生の目的を追求しているとき、自分の人生が運命（自然法則といってもよいが）によってあらかじめ決まっているなどと考えたりはしない。[11]　自分自身の自律的な直観に基づき、他者もまた自律的な存在者であると見なす。そして、ここでは、決定論的な説明方式にかわって、自由意志と責任という別の説明方式が通用しているのであって、それを当然視している。これは極めて強固な慣習を形作り、私たちの社会の構図をなしている。自由と責任に関しても、この両概念の適用基準をとる慣習を堅守すること[12]　に根源をもつ。このように自由の概念は私たちの普段の社会のあり方と切り離せないものである。

　また、自由概念は私たちがより良い社会を実現するためにも不可欠なものとして機能しているように思われる。というのも、自分自身のより良い生を実現するための自由な選択可能性は、社会制度の観点から見れば自由の権利とも結びついているからである。個人を自由な主体として見なす限り、その自由を保障するためのさまざまな権利が定められることになる。生き方の選択の幅を可能な限り大きなものとするために、当然ながら社会的な制約（したがって、身体的な拘束性、精神的な拘束性のほかに、社会的な拘束性というものもある）を取り払っていく必要性が生じる。その制約は共同性のもとにあるわけだから、同時に他者の生き方の幅をも尊重しうるような自由を考慮するものでなければならない。私たちの生は他者とともにある、ということを看過してはならないのである。

---

[11] それに運命の意味は、必ずしも決定論的に使われているとは限らない。自分が自分として生きるためにはその選択以外には考えられなかったという自由な選択の帰結として、そしてまた偶然性をも加味したうえで、運命の出会いなどと表現されたりもする。

[12] 第1章でみたグッドマンのエントレンチメント。

5 ▎自由と他者 ──社会的な拘束性

　前節の最後で、自由であることの条件として身体的および精神的な拘束性のみならず、社会的拘束性というものについて言及した。法や制度などが定める、いわば社会的に禁じられている行為は当然私たちに対して拘束性をもっている。それは社会規範ともいいかえられるし、そのもとで私たちは生活を送っている。このことは、自由が倫理の問題、そして生き方の問題とも関連することを意味している。

　法や道徳や制度などがどうあるべきかという問題は、人間が共同体のなかで生きていく以上避けられない。悪法という表現があるように、社会規範は決して絶対的ではなく、当時の時代状況や人々の考え方に依存するものである。為政者が民衆の声に耳を傾けることなく抑圧的に定めた悪法もあれば、当時の人々にとって常識とされていた法が後世の人々からは悪法だと評価される場合もある。とはいえ、ここでは、何が法を悪法にするかという問題には立ち入らず、あくまで個人と社会的な拘束性（社会規範）の関係に焦点を絞りたい。一般的な表現でいえば、こうした拘束性を可能な限り取り払い個人の自由および選択を尊重しようとする立場は、リベラリズム（自由主義）と称されている。社会的な自由（リバティ）は、こうした拘束からの解放を意味している。社会的な自由を最大限に重視すべきならば、個人の選択の幅を狭めるような社会的な拘束性は、社会（他者）に害悪をもたらさない限りにおいて取り除かなければならない。[13]

　こうした社会的な自由は、今日の私たちの国家においては、自由権として保障されているものでもある。日本国憲法には表現の自由、信教の自由、職業選択の自由等々の権利が明記されている。これらは、国家権力が個人の自

---

[13] これは、つとに J・S・ミルの『自由論』における他者危害の原則として知られる。ミル［35］27、28頁を参照。

由に不当に介入することを防止するための実定法である。こうした権利の規定は、個人の自由を尊重することに価値があるという私たちの価値観を根底におくものである。私たちは、すべからく個人という単位のもとにあり、そして個人は互いに対等・平等である。それゆえ、自由は他者の自由と相互関係のもと、他者の自由を侵害しない限りにおいて認められるべき、となる。

このように、社会的拘束性は自分と他者が相互に自由な主体であるという問題と関連している。自分のみならず、他者もまた自由な主体として、おのれに固有な良き生を追求している。そのなかで、自分と他者がともに一つの共同体のもとにある限りは、お互いを尊重するべきルールが要請される。そこには、自分の自由な行為というものが、他者にどう関係し影響を与えるかという側面と、自分と他者が共同の行為をする場合にどのように振る舞うべきかという、大まかに二つの面があるように思われる。ここで、自分と他者はともにお互いを自由な個人と見なしている。自由な主体同士が約束し、あるいは正式に契約などを結ぶことで共同することもある。約束や契約はお互いが自由に結ぶルールだといえる。それを結ぶかどうかは本人たちの自由である。しかし、いったん結ばれたからには、そのルールは原則的に遵守されなければならない。[14]

私たちが、他者と関わって生きざるをえないということは、何も生活の必要のためばかりではなく、人間らしくあるためにも他者が必要である（これは次章で論じられる）。そういう点において、自由というものは他者との共同性を抜きにすることはできない。こうして自由から倫理、そして政治とい

---

[14] しかし、約束や契約による共同は、お互いに対等な者同士によるものばかりではない。労働契約はその最たるものかもしれない。会社（法人）と労働者（個人）は法的には対等なものとして労働契約が結ばれることになっているが、現実には会社の方が立場は強い（だからこそ、労働法規が存在している）。強者の論理によって、対等関係が歪められることのないように是正することも重要なことである（これは政治の問題とも関連してくる）。

う問題が開かれてくることになる。自由な行為のなかに、なすべきこと、なすべきではないことという義務と禁止が意味をもち、善と悪という道徳的な評価が入ってくることになる。これもまた他者の存在を前提としているものであり、自由は倫理の問題と切り離すことはできないことに気づかされるのである。

第4章

倫　理

1 ▌ 自由から倫理へ

　前章においては、人間の自由に関する議論を見てきた。決定論的な観点からは自由の入り込める余地がないように思われた。また、決定論を破るような自由を人間がもつことも不可能と見なされた。これは自由と決定論を同一次元で両立させようとすることで生じる困難であって、それゆえ自由を異なる次元、すなわち責任概念とも関連した仕方で、社会に生きる人間を規定する概念としてとらえ直した。私たちも例外なく自然科学的な因果法則に服する存在であることを認識しながらも、同時に自分自身はもとより、他者をも自由な存在者（さまざまな行為を選択できる存在者）と見なしている。それは決定論とは異なる次元で、行為の原因（責任）を行為者のうちに見出すものであった。

　責任を負いうる自由な存在者ということから、「何をなすべきで、何をなすべきでないのか」という規範的な問いが立ち現れることになる。それは善い行為（＝すべき行為）と悪い行為（＝すべきでない行為）との区別でもあり、また倫理、道徳的な意味での「いかに生きるべきか」という問いとも切り離しえない。私たちが自由で責任を負う存在者であることは、否応なしに他者との関係を前提にするものである。というのも、かりに他者が存在せずに、私ただ一人でこの世界を生きているならば、行為に責任が伴うことはない。社会がないから、「〜すべきだ」という規範や義務、つまり倫理もない。

私一人の世界では、私の生存（およびそれに付随した快楽）という価値のみが意味をもつだろう（生存の価値ですら、もし生きるのが嫌になれば、生きなければならないという義務もまたない）。[1]　しかし、もし私一人ではなく、他者がもう一人でもいれば、直ちに世界は一変することになる。私と他者は互いに行為の「すべきこととすべきでないこと」の規範（ルール）が必要になり、責任を負うことになる。それゆえ、「私はいかに生きるべきか」という個々人にとっての固有な問いというものは、普遍的な問い「人はいかに生きるべきか」と完全に切り離すことができないものである。なぜなら、私という個人的な生であっても、（私一人だけの世界に生きるならともかく）人間の共同的な世界のなかにおいて価値が定められるものだからである。いずれにせよ、「いかに生きるべきか」という問いは、今まさに生きている私たちにとって差し迫った現在進行形のものであって、避けることのできないものである。つまり、自覚するにせよしないにせよ、この問いにさらされながら私たちは日々を生きている。

　さて、「〜すべきだ」を考える際の一般的な原則は、「善いものを求め、悪いものを避けるべきである」と定式化できるかもしれない。この原則を人生全般へと拡張するならば、「幸福な人生を求め、不幸な人生を避けるべきである」とも表現可能であろう。けれども、善いものを端的に幸福といってしまってよいのかについては、疑問が残る。なぜなら、善いもののなかには、道徳的な意味合いも含まれているからである。その点からいえば、「道徳的な人生を求め、不道徳な人生を避けるべきである」とも表されうる。ここには、幸福と道徳という善さに関する古くからの根深い倫理的問題が内在している。ここでの「幸福な人生」のうちの幸福には、どちらかというと快楽や安楽さといったニュアンスがあり、それは「道徳的な人生」とは必ずしも合致

---

[1] この場合、「〜すべきだ」が価値をなすのは私一人の生存（および快楽）にとって必要な技術的、実用的なもの（肉食は安全のために火を通すべきだ、等々）だけである。

しない。快楽や安楽さを欠いた「道徳的な人生」がありうるからである。とはいえ、幸福のうちに道徳を含めるような考え方もありうる。[2]

　あらためて私たちにとっての善いものに立ち返ろう。それには快楽、健康、富、友、名誉、徳、知識等々を列挙できるだろう。もちろん、これらの善いもののうち、どれがより重視されるべきか——それとも重視するに値しないか——は、各倫理学説によって異なる（ストア派[3]であれば徳だけを善いものとみなすであろうし、功利主義[4]であれば快楽だけを善いものととらえるであろう）。これらのさまざまな善いものを私たちは日々追求している。このように、人生にとって善いものを広義に幸福といいかえると、・幸・福・論・と・し・て・の・倫・理・学が構想されうる。これは問うに値するものであると思われる。

　アリストテレスは、人間の本性（ほんせい）にしたがって人間にふさわしい幸福とは何かを検討した哲学者の一人である。追求される善いもの（快楽、名誉、知的活動）の分類に応じて、幸福な生活を享楽的生活、政治的生活、観想的生活に分類したことはよく知られている。[5]　そのなかで人間にもっともふさわしい幸福を規定しようと試みた。ひたすら快楽のみを追求するのは人間らし

2）　例えば、ソクラテスは道徳的な生き方（＝正しく生きること）がすなわち幸福な生き方（＝よく生きること）だと考えた。そのため、不正は不正をなされる人にとって害悪なのではなく、不正をなす人にとって害悪だと主張される。不正は不正をなす人自身の魂に害をなすものだからである。プラトン［27］137 〜 141 頁を参照。

3）　キュプロスのゼノン（前 335 頃〜前 263 頃）が創始した学派。今日のストイックの語源とされ、禁欲主義と呼ばれる。ストア派によれば、人間にとっての幸福の内容は徳だけであり、それ以外の快楽、健康、富、名誉などは善でも悪でもないもの（あるに越したことはないが、それらが欠けているからといって直ちに不幸ではない）と考えられた。

4）　功利主義は快楽以外の健康、富、名誉などを善いものと見なしていないわけではなく、それらが快楽をもたらすものであるという点で善いものだととらえる。つまり、快楽という単一的な価値基準のもとに功利主義は善いものと悪いものを判定するのである。詳しくは、本章の第 2 節以下を参照。

5）　アリストテレス［1］38 〜 41 頁を参照。なお、観想的生活とは、知恵という最高の徳を発揮する学問的活動を営むものである。［2］400 〜 401 頁参照。

いものとはみなされず、動物的だと考えられた。それに対して名誉は社会のなかで生きる人間に特有な善と考えられるが、それは他者の評判という不確定なものに左右されるという点で不完全なものである。それに比べ、知的活動は人間に固有なもので、しかもそれ自体で自己完結的なもの（他者の評判に左右されないという点で自足しているもの）であるから完全である。こうしてアリストテレスは、人間にふさわしくかつ完全な幸福は観想的生活に求められると結論づけたわけである。しかしながら、現代の私たちからすると、このような理屈は頭で理解することができてもあまり実感のわかないものかもしれない。というのも、この議論には人間の本性が知性であるという前提があり、だからこそ知性を発揮していること（つまり、知的活動）がもっとも人間の幸福としてふさわしいのだと主張されるものだからである。

　ここでは「人間がいかに生きるべきか」という問いに対し、人間の本性との関連性のもとで幸福論的な観点から答えられている。[6]　それと対極に位置づけられる倫理学は、カントのものであろう。アリストテレスと違ってカントの場合、「人はいかに生きるべきか（何をなすべきか）」という問いは、幸福から明確に区別される義務（道徳）から答えられるべきものである。カントはそもそも幸福（欲求の充足）が人によって千差万別であるとし、「〜すべきだ」という普遍的な義務の原則になりえないと考えた。何をもって幸福とするかは人それぞれであるから、普遍的な仕方で規定できるような幸福な生活などはありえない。カントは道徳的義務の観点から高級な欲求と低級な欲求という区別も根拠がないと考えるから、アリストテレスでは区別されている身体的欲求（食欲など）と知的欲求をカントは区別しない。したがって、カントにおいて「〜すべきだ」という道徳的義務は、「〜したい」という欲求からはっきり区別されなければならないのである。そして、後者より

---

[6]　なお、アリストテレス倫理学にとっての重要な論点には、徳倫理学がある。これに関しては、本章第8節を参照のこと。

も前者にしたがわなければならない。つまり、みずからの欲求を満足させることよりも道徳的な義務を果たさなければならないという厳格な立場が主張される。

　このように、「人はいかに生きるべきか」という問いにおいては幸福と道徳という二つの概念の関係性が問題になる。はたして、カントのいうように両者が厳格に分けられるべきなのか。それともソクラテスやプラトンのように道徳的生がすなわち幸福なのか。このような問いが生じてくる。そもそも世間一般でいう幸福論は、処世術的な観点から述べられたものが大半を占めるであろう。これらは世知辛い世のなかを賢く生き抜くための知恵として受け容れられている。例えば、古典的なものには『菜根譚』などがあるし、近代ではヒルティの『幸福論』なども有名である。しかし、哲学や倫理学として考える場合には、単なる経験知（世間知）に基づくばかりではなく、さまざまな原理的な探究も必要不可欠なものであることを忘れてはならない。

　そこで原理的な問題を考える手始めとして、次に功利主義を検討することにしたい。

2 ｜ 功利主義 ──ベンサム

　功利主義は、ベンサムによって提唱された倫理学説としてはじまるものである。この倫理学説は、今日ではさまざまなバージョンに変更、改良されて哲学者たちからもっとも支持されている立場の一つとなっている。ここではさまざまな功利主義者が論じているバージョンを解説することが目的ではなく、そのもっとも基本的なポイントを踏まえて批判と検討を加えていきたい。

　ベンサムは、人間が他の動物と同様に快を求め、苦を避ける存在であるとした。そこから、快を増大させるかあるいは苦を減少させるような行為が善であり、反対に快を減少させるかあるいは苦を増大させるような行為が悪で

あるとした。[7]　実際、これを私自身に当てはめてみると、自分の行為が幸福（快）を求め不幸（苦）を避けるものであることは疑いない。そして、それは常に目先の快を求めての行為とは限らない。今は苦しくとも、その今と引き換えに将来により大きな幸福（快）が期待されるならば、あえて苦しい行為を選ぶ場合も充分にありうる（健康のために禁煙したり、モテるためにダイエットしたり…）。ここには自分の将来の見通しからえられる快の総量という計算が働いていることに気づく。ある意味で、私個人は自分の人生の快の総量がより大きくなることを意図して行為している面がある。[8]

　功利主義が倫理学説であるのは、この快苦の計算の総量を個人レベルではなく、社会全体のレベルからとらえるところにある。ある行為が社会全体の快の総量を増大させ、あるいは苦の総量を減少させることが善であり、望ましいものであるとする。これは最大多数の最大幸福として表現されている。[9] したがって、もしある行為がある個人にとって快を増大させるとしても、その結果として多数の他者の苦しみを増大させるか、あるいは誰か個人の苦しみを非常に増大させるのならば、そのような行為は容認されえない。つまり、その行為がもたらす社会全体の快の総量の差し引きによって、善悪が判断されることになる。それゆえ、行為それ自体について善悪が問われるのではなく、行為が社会にもたらすであろう結果について善悪が問われているのである。これは帰結主義と呼ばれる。例えば、犯罪行為が悪とされる根拠について次のようにいうことができる。犯罪者は犯罪行為によって何らかの快

---

7) ベンサム［32］27頁以下を参照。
8) これはあくまで単純化している。快の総量を大きくすることを目指すにしても、一時的な快のピークが最大に達した後に苦しみの多い人生を私たちはおそらく望まないであろうし、また快の総量を最大化することよりも人生の快が平均的に高い状態をキープする方が望ましいという考えもありうるからである。
9) なお、現代の功利主義では幸福（快）ではなく、選好（実現したいという欲求）の充足を最大化（人々の選好を可能な限り充足する）することを目指す立場もある（選好功利主義）が、これについての詳細には立ち入らない。

をえるかもしれないが、しかし犯罪者がえられる快と被害者が受ける苦痛を差し引きした際、苦痛の方が大きいがゆえに、そのような犯罪行為は許されないことになる。[10]

　また、社会の快苦の総量を計算する場合に個人一人ひとりを単位とし、平等に考慮しなければならない。社会的地位の高い人の快楽を過大評価し、そうでない人の快楽を過小評価するようなことは認められない。この点で功利主義は平等主義的である。これを踏まえて、社会全体の快楽の総量が最大化するように、私たちは行為を選択しなければならない。ベンサムの功利主義は快苦を数量化することで客観性をそなえた道徳の科学を目指すものである。とはいえ、そもそも快苦の質のちがいを認めずに、客観的に快苦を数量化することが可能なのか。例えば、音楽鑑賞の快楽とスポーツの快楽を客観的に数量化して比較することができるのか。音楽鑑賞とスポーツからえられる快楽は質的にまったく異なることはもちろん、人によってその快楽のとらえ方も異なっている（運動嫌いの人からすればスポーツは快楽よりも、むしろ苦痛にちがいない）。快楽の客観的な数量化というものは非常に困難だというほかない。

　こうした客観化という問題をわきにおくとしても、最大多数の最大幸福のために行為を選択しなければならないという場合、これは個々人のレベルで考えられるべきものなのか、それとも政治のレベルで考えられるべきものなのか、という行為主体の問題がある。もしこれが個々人のレベルで考慮されるべきだとする場合、個々人はみずからの行為が客観的に見て社会の最大多数の最大幸福に寄与するものであるかどうかを判断することになるが、それ

---

[10] なお、ベンサムは快には量的区別のみを認め、高級な快楽と低級な快楽のような快楽の質を認めなかったから、犯罪者が犯罪行為によってえられる快もそれだけをもって見れば善である。しかし、これは私たちの常識に反する見方であることは確かであろう。というのも、常識からすれば犯罪からえられる快それ自体が劣悪なものと見なされるからである。

はきわめて不確かなものではないだろうか。というのも、個々人はそれを判断するための客観的なデータをもち合わせてなどいないから、それぞれの経験や常識の範囲内で判断するしかない。その結果として、個々人の行為が最大多数の最大幸福を意図しながら、かえってそれに寄与しないということも想定されうる（それどころか、無知ゆえに意図せず社会に害をなす可能性すらありうる）。

　さらに個人レベルで考えた場合に、功利主義的な行為規範はどこまで適用すべきものなのか、という問題もある。というのも、私たちは自分自身の快苦を基準としてもち、自分の幸福を追求している。けれども、功利主義は最大多数の最大幸福という原則を要請している以上、このとき自分自身の幸福と社会全体の幸福という二つを天秤にかけることになる。当然ながら、功利主義が後者の追求を優先すべきだとするならば、私たちは社会全体の幸福のために個人的な幸福を後回しにしなければならなくなる。極端ないい方をすれば、個々人は常に社会全体の幸福の最大化をもたらすように行為すべきだ、となる。しかしながら、社会のために個人の幸福を犠牲にするような生き方を推奨するような倫理学説は受け入れがたいであろう。

　これらの問題点を考慮すると、功利主義とは個々人よりも、政治のレベルで考慮されるべきものだということになりそうである。そもそも政治家や行政官は、政策を判断するうえでさまざまなデータを収集・調査して活用することが可能な立場にある。つまり、最大多数の最大幸福は、政治家が社会制度の改革や新たな政策を実行するうえでの判断基準だというものである。確かに、多数者の幸福を実現するような政策は、そうでない政策よりも選択すべき理由がある（もちろん、その際、たとえ少数であっても非常に大きな害が及ぶと予測されるような政策は選択されるべき理由がない）。とはいえ、最大多数の最大幸福は政治家・政策立案者だけが考えればよいというとらえ

方は、功利主義を矮小化してしまう可能性もはらんでいるかもしれない。[11]

このように検討すべき点が多々あることは確かだとしても、このことは功利主義に見るべきものがないということではない。ここまでのポイントをいくつか挙げてみよう。

①行為それ自体ではなく、行為がもたらす快（または苦）が行為の善（または悪）の評価を決める（帰結主義）。
②どのような人も一人の単位として快苦の計算のうちに算入される（平等主義）。
③行為の目的は、それによってもたらされる社会の快の総量を最大化することである（最大幸福原理）。

さて、①の原則からは、いわゆる「嘘も方便」が成立するとも考えられる。つまり、嘘をつくことが善になるケースが想定される。真実を告げることで告げられた人を苦しめるくらいなら、虚偽を伝えることも正当化されるからである。嘘をつく行為そのものが悪いわけではなく、その結果が快（苦痛の回避）を生むのであれば、嘘をつくその行為は善いということになる。これは当然ながら「嘘をついてはならない」という一般的な倫理原則には反している。もし「嘘も方便」を容認するのであれば、私たちが普段抱いている嘘や虚偽などの言葉に含まれているネガティブな意味合いはなくなるか、薄れるであろう。嘘をつくこと自体に善悪の評価がなされるべきではなく、嘘をついた結果によって判断されるべきだからである。この考えは常識に反するが、倫理学説は必ず常識と一致するとも限らないことを念頭においている必

---

[11] 功利主義が個人の行為規範とするにはふさわしくないと批判した哲学者としてB・ウィリアムズがおり、その反対にP・シンガーは個人のレベルでも功利主義的な観点から行為すべきだと主張している。

要がある。むしろ、私たちは一般的な倫理原則（「嘘をついてはならない」）を支持しながらも、嘘が容認される場面を個別的な状況に応じて判断しているというのが正確かもしれない。つまり、嘘それ自体は善くないが、しかし状況によって嘘はやむをえないものだ、とも考えている。現実社会に生きている私たちにとっては、完全に原則にしたがうことは状況によって困難であるから、ケースバイケースで判断し、行為しなければならないことを意味している。[12]

　すでに述べたが、③に関連して功利主義の問題点は、個々人が功利主義的な行為規範にしたがおうとすると、社会全体の快の最大化のために個人レベルの幸福を度外視するように見えることである。厳格に功利主義を実践しようとする個人には、自己の自由（幸福の追求）を許容する余地が残されていないのではないのか。けれども、もし「個人の幸福の追求よりも社会全体の幸福の最大化を優先せよ」という原則がすべての個人に課せられることを想定するならば、個人は自分の幸福を選択するような自由がないわけであるから、そのような社会が幸福の最大化した理想的な社会かというと、そうではないように思われる。

3 ｜ 社会的自由と快楽の質 ——J・S・ミル

　J・S・ミルは個人の自由を最大限に尊重することこそが、社会の幸福を最大化すると考えた。[13]　かりに自由な社会と不自由な社会を比較した場合、

---

12) 個々の行為を見て「嘘も方便」を容認するタイプの功利主義が行為功利主義である。それに対して、「嘘も方便」を容認しないタイプの規則功利主義という立場もある。規則功利主義は「嘘も方便」がまかり通ることで、かえって社会全体の功利が損なわれると考え、個々の行為の功利よりも、規則の遵守によってえられる功利を重視する立場である。R・M・ヘアのように一般的に倫理原則を遵守しながらも、個別的な状況では倫理的原則の例外を容認するという考え方もある。
13) ミル［35］を参照。

一時的に後者の功利が大きくなる場合があったとしても最終的には前者の功利が大きいと想定する。けれども、自由の原則が功利主義的に導出されることをミルは証明しているわけではない。そもそも多種多様な社会における個人の自由の程度を調査し比較して、自由度の大きい社会の方が幸福だと決定づけることは困難というか、不可能である。このことから、個人の自由度が大きい社会ほど、社会全体の幸福も大きいという見解は、ミルの社会観に基づくものである。ミルは各個人が自分の能力を自由に発展させ、活躍のできる社会が幸福だと考えていた。だからこそ、政府や他者が本人のためという理由で本人の自由を制限して、政府や他者の考える善いことを押しつけてはいけないのである。それどころか第三者的に愚かな行為に見えることであっても、他者に危害や損害のない限りその本人の行為の自由は最大限に尊重しなければならないと考えた。このように、ミルにとって功利と自由は切り離すことのできない価値である。

　また、ベンサムは先に見たとおり、快楽の質を認めずに量だけを問題にしていたが、ミルは快楽の質を重視したことでも知られている。何をもって質の高低を測るのかについて、ミルは両方の快楽を体験した人間において、その人間が選択した快楽の方がより質が高いのだと答えた。質の低い快楽に満足している人間は、質の高い快楽を体験したことがないからであって、もしその体験をすれば、おのずと質の高い方の快楽を求めるという。快楽の質という問題はミルにとって、人間のあり方とも無関係ではない。結局、質の高い快楽というものは、それだけ人間の高い能力を要求する。例えば、娯楽と芸術鑑賞を比べてみよう。前者には楽しむために教養といったものは必要とされない。誰でも気軽に楽しむことができる。それに対して、後者は教養のない人間には退屈か、あまりその楽しさを理解できないものであるかもしれない。ところが、教養のある人間にとってみれば、芸術鑑賞は娯楽に比べて簡単には飽きの来ない深い楽しみをもたらしてくれるものであろう。人間は自由に自分の能力を発展させ、それを発揮させることに快楽を感じる存在で

もある。それゆえ、ミルの人間観からすれば、そもそも私たちは低い能力のままで満足することを望まない。ミルは私たちが「満足した豚であるより、不満足な人間であることを望む」という。[14]　これは単に快を求め、苦を避ける存在としての人間観を超えるものであろう。人間は理性や知性などの複雑かつ高度な能力をもっているからこそ先を見とおすことができ、不安や不満を抱く存在なのであり、人間が求める快は生存に関与する単純な快（食欲等）にとどまらない。動物は食欲等の本能的な欲求の充足を快とし、飢餓状態を苦としてとらえているかもしれない。けれども、人間は必ずしもそうした快苦にのみ囚（とら）われていない。場合によっては人生の価値にかかわる崇高な目的のために、自分の生命を賭した行為をする場合もあるからである。

　人間にとって価値は多様なものでありうるが、そうはいっても病気やケガなどの身体的苦痛はもとより、飢えに苦しむような貧困、そして社会から虐げられる差別などの苦しみを率先してなくしていくべきだと、私たちは考えるにちがいない。そのため、「快楽が善」ということよりも、「苦痛が悪」であることの方が重要な意味をもっている。快楽をプラス、苦痛をマイナスと見た場合、両者は単に正反対の価値をもっているというより、現実には「快楽を増進すること」よりも、むしろ「苦痛を減らすこと」の方が直観に訴えかける抗いがたい真理を含んでいるように思われる。この点で、功利主義がこうした悪の改善を主張することには、真理の一面をもっている。「苦痛が悪である」ことは、さらに人間という種を超えた動物に対しても主張される余地を残している（動物倫理）。

14）ミル［34］31 頁を参照。

4 義務論 ――カント

　先に見た功利主義は行為そのものではなく、行為の結果として快楽もしくは苦痛のどちらが帰結するかどうかで善悪の評価をする立場であった。しかし、私たちは行為の帰結以前に、義務に背くこと自体を悪いことだと理解しているのではないだろうか。例えば「嘘をついてはいけない」といった道徳的な義務に関して、結果云々はともかく「嘘をつく」ことはそれ自体として善くないことだと考えているのではないだろうか。義務を守ること自体に善悪の基準を置く考え方が、義務論と呼ばれるもう一つの主要な倫理学説である。その代表的な哲学者はカントである。カントによれば、「嘘をついてはいけない」（＝「正直であれ」）という道徳的な義務を守るかどうかは、その帰結によって左右されてはならない。[15] つまり、こういう場合には嘘をついて善く、また別の場合には嘘をつくのは悪い、というのでは、そもそも道徳的義務とはいえないであろう。ケースバイケースで道徳的義務が守られたり、守られなかったりすることになるからである。

　本章第2節でも挙げた「嘘も方便」の事例をもう一度考えてみよう。功利主義的に考えた場合、私が真実を告げることでその人が結果的に苦痛をともなう人生を送ることになるならば、私は「嘘をついても善い」ということになる。しかし、もしかしたらその人はたとえ真実を知ることで苦しい人生を送ることになったとしても、真実により価値をおいているかもしれない。ここで真実を告げない（嘘をつく）ことは、その人を尊重せずに一方的に私の善意を押しつけていることになりはしないか。真実をどう受け止めるかはその人次第ではないのか。ここには、真実を語るという誠実性の義務が他者との関係でどうとらえられるべきかという問題がある。

　いずれにせよ、カントの倫理学説は道徳的義務に例外が認められないと考

15）カント［11］を参照。

える点で、厳格なものである。その厳格さは、義務を守ることだけではなく、その動機にもあてはまる。カントは行為の善さ（道徳性）をただひたすら義務にしたがおうとする動機のうちに見出している。それゆえ、「嘘をついてはいけない」（＝「正直であれ」）という道徳的な義務にただひたすらしたがうために行為していれば、それは善い行為であるが、それに対して、嘘をつくことは結果的に自分の不利益になることを見越して、「嘘をつかない」という義務を守ったとすれば、それは真に道徳的とはいえない。[16]　カントにとっての道徳的な行為は、結果に左右されないだけではなく、義務にのみしたがうという動機に基づいていなければならない。カントの倫理学説は道徳性の純粋な要件を明らかにしてくれるものだが、反面、これは現実世界でさまざまな条件下に生きる私たちにとって厳格にすぎるものであろう。

　義務はただひたすらにしたがうべきものだが、それが行為の帰結の快苦によらないとすれば、そもそもこのような義務は何を根拠とするものなのか。カントは、「嘘をついてはいけない」のような道徳的な義務を自然法則と類比的にとらえている。自然法則はどのような自然現象においても例外なく妥当するものでなければならない。いいかえると、自然現象に対して例外なく普遍的な妥当性をもつことが自然法則の資格にほかならない。自然法則と類比的に人間の行為に関する普遍的な妥当性を要求するものが、道徳法則とカントが呼ぶものである。道徳法則は私たちの行為が普遍的な妥当性をもつかどうかを推し量ることを要請する。[17]　「嘘をついてはいけない」という義務は、「嘘をつく」という行為が普遍性をもちえないところから来るもので

---

16) カントによれば、「嘘をついてはならない」という無条件的な義務の命令にしたがうときに道徳性をもち、「不利益を被りたくないならば、嘘をついてはならない」という条件つきの義務の命令にしたがうときは適法性をもつにすぎないという。前者の無条件的形式は定言命法、後者の条件付き形式は仮言命法と呼ばれる。
17) 「君の意志の格律が、いつでも同時に普遍的立法の原理として妥当するように行為せよ」。カント［10］72頁。

ある。私たちは、お互いに相手が嘘をつく（ついているかもしれない）ことを前提として社会を構成してはいない。社会のなかで、私たちは嘘をつかない、約束は守る、相手を裏切らない等々のお互いに対する義務を通じて、相手との対等な人間（人格）同士として関係を結んでいる。もしかりに相手が嘘をついているかもしれない、約束を破るかもしれない等々の可能性を前提にしていたら、自分と相手との対等な信頼関係（人格的な関係といってもよい）が成立しえないにちがいない。この人格的な相互関係を拡大したものが社会である。社会のなかで人格的な関係性を維持し、秩序を保つためには、誰もが例外なく普遍的な義務にしたがっていることが必要条件になるといえる（違反の可能性の排除）。

　だからこそ道徳的義務は、普遍妥当的なものとして守られなければならず、守ることそれ自体が大切なのである——行為の善さは義務にしたがうことそれ自体である——という考えが生じる。そしてまた「嘘をついてはいけない」という例外のない義務のうちには、人格に対しての普遍的な尊重という価値観が見出されうる。なぜなら、嘘をつかない、約束を守ることは、他者の尊重と表裏一体的なものだからである。[18]　人格の尊重は道徳的義務を形成し、個々人にとっては権利をなす。私たちは一人ひとり人格として尊重すべき義務を負い、尊重されるべき権利をもっているわけである。

　ここであらためて功利主義と義務論を比較してみたい。功利主義はいわば快をもたらし、苦を避けること（功利の原理）を善悪の基準とする一元論的な立場であった。それゆえ、道徳的義務はもちろん、自由や正義などの社会的価値に関しても終極的には功利の原理に即して評価されるべきものである。それに対して、カントの義務論は快楽（幸福）を善悪の基準に置かない（と

---

[18] 道徳的義務を遵守するかどうかを相手によって変えることは許されないはずである。この人には嘘をつくが、あの人には嘘をつかない、というような行為は、相手次第で人格を軽んじることになるであろう。

いうより根拠として退けられる）。各個人が幸福を追求するということは経験的なもの（人それぞれ）にすぎないから、普遍的な道徳的原理としての妥当性をもたない。道徳的な善は、そうした快楽や幸福からは独立していなければならないと考える点において二元論的である。道徳的な善は、快楽から全く独立して、理性に根拠をおくものである。理性に根拠をおくからこそ、誰に対しても、どのような状況においても普遍的な妥当性をもつ原理になりうる。道徳的な義務（嘘をついてはいけないこと、人格は尊重されるべきこと）には例外が許されない。カント倫理学の立場からすると、「嘘も方便」のような状況次第で道徳的義務に背いてもよいということは容認されない。とはいえ、この厳格さにもやはり限界があると見なされるべきであろう。「世界が滅ぶとも、正義はなされよ」[19] のような極端な義務は、私たちには受け容れがたい。義務は義務として果たすべきだとしても、そこには人間がお互いを尊重し合う誠実性が前提とされていなければならない。真実を告げることが、誰かの生命を脅かす場合には、生命の尊重を優先して真実を告げなかったとしても、それは決定的な違反として責められないにちがいない。

　また、カントの理性主義には、尊重されるべきなのが人間だけなのかという問題もある。人間だけではなく、動物ひいては生命というものを尊重しなければならないのではないだろうか。これは、他の生命に正当な理由なく、苦痛などを与えてはならないという原則として表すことができるであろう。

5 ｜ 義務のいくつかの種類

　前節に見たように、カントは道徳的な義務が例外なく無条件的でなければならないと考えた。「嘘をついてはいけない」という真実を語る義務は、例外なく誰もが守るべき原則であった。嘘をつくことが許される人はいないの

19）神聖ローマ皇帝フェルディナンド１世の言葉。

である（同じように、嘘をつかれることが許される人もいない）。また、「約束を守らなければならない」も「嘘をついてはいけない」と同様に無条件的な義務といえる。「約束」をしたからには、その約束は原則として例外なく守られなければならない。ただし、「約束」の場合は一つだけ「嘘をついてはいけない」こととのちがいがある。それは、「約束」（契約でもよい）をするかどうかは本人の自由によるという点である。本人には約束（契約）をすることによって、守るべき義務が生じることになる。したがって、当たり前のことだが、本人の知らないうちに第三者が勝手に約束したことを本人が守る義務はない。

　①真実を語ることは普遍的な原則として誰に対しても義務であるのに対し、②約束を守ることは約束した相手に対してのみ義務が生じる。すなわち、①はすべての人格に対する無条件的な義務だが、②は特定の人格に対する条件的な義務である。けれども、この両者にあてはまらない義務もあるように思われる。それは、③特定の人格に対しての無条件的な義務である。[20]その身近な例を挙げれば、自分の親や子供に対する義務である。通常、私たちは親や子供に対しては、赤の他人とは違った義務を負っていると考える。子供に対しては、親はきちんと養育すべき義務が生じるであろう。だが、その義務は親が子供に対して養育することを約束したから生じたものではない（出生したばかりの赤ん坊とどうやって約束できようか）。生まれたばかりの子供は約束が可能な主体ではないからである。親は子供の出生とともに無条件で、養育の義務が生じると考えられる。もっとも、その義務は自分の子供に対してだけ生じるものであって、他人の子供にはない。

　それに対して、親に対する義務はどうだろうか。成人した子供は親に対して無条件的な義務があるのだろうか。親は（病気等の事情でもない限り）約

20）サンデル［15］291頁を参照。サンデルは自然的義務、自発的義務、連帯の責務となづけて分類している。

束の可能な主体である。親本人に対して「（親の）世話をする約束をしたことはない」といった仕方で約束の不在をもって義務を否定することは可能かもしれない。確かに、子供は親の養育によって成長し、子供が成人した後は対等な大人同士の関係に移行すると考えられる。それでも、その関係は赤の他人同士の関係とまったく同一だとはいえないであろう。そこには、お互いに対する特別な関係――愛情、愛着など――が構築されているといってよいかもしれない。子供が成人したあとであっても、親とは特別な関係が継続し、家族という共同体は維持されていると見なされるであろう。もしかりに多くの困窮する人々のなかに自分の家族がおり、すべての人に援助することが不可能であるならば、私たちは家族の援助を優先するはずである（とはいえ、自分の家族の困窮度が軽微であって、他人がひどく困窮しているならば、他人の方を優先すべき理由になる）。この場合に家族を優先したとしても、非難されるいわれはないであろう（また、川で自分の子供と他人の子供が溺れていた場合、どちらか一方しか助けに行けないとしたなら、自分の子供の方を優先するにちがいない）。誰しもがそうするはずであり、このことは、特定の関係にある人に対する特別な義務の存在を示すものである。

　このように、③の義務とは共同体（家族等）のなかで培われる関係（愛情、愛着）から生じる。私たちはこうした特別な関係性から完全に独立した仕方で生きていくことができないように思われる。だが、個人主義的な考えに限れば、大人同士の対等な関係だけが認められるであろう。その場合、義務は①と②にとどまる。そして、相互扶助、平たくいうと「助け合い」という道徳的原則は、①から導きだすことは困難であるかもしれない（②からは当然導かれない）。

　カントは、行うのが当たり前で、行わないと非難されるような義務を完全義務、行わなくても非難されないが、行うことで称賛や功績になる義務を不

完全義務に分けている。[21]「嘘をついてはいけない」という義務は完全義務であり、「他人に親切にしなさい（＝他人の幸福に寄与せよ）」という義務は不完全義務となる。カントは、他人の幸福をあえて妨害したりなどしなければ、かりに積極的に他人の幸福の促進に寄与しなくても非難には値しないと考えた。確かに、すべての人に手を差し伸べて、援助することが理想的ではある。しかし、援助する側の資源にも限りがある。そのうえ、その資源をどのように割り振るべきなのかという問題もある。私たちは、親密な身近な人々とのあいだで優先的に資源を配分しているし、そうするしかないのである。他人の幸福に寄与するという義務が無条件的に可能であるためには、無限の資源がなければ不可能であるからである。

　それでは、他人ではなく親密な人の幸福への寄与であったならどうだろう。「親密な人の幸福へ寄与せよ」は、完全義務と不完全義務のどちらにあてはまるのか。親密な人（例えば家族）の幸福の促進は、常識的に当然のことだと見なされているから、完全義務であると考えられるかもしれない。だからこそ、家族を見捨てることは非難の対象となりうるし、また他人より家族を優先することは非難に値しないと見なされる。とはいえ、③の義務でいう特別な関係、親密な人々、愛着は家族関係に限定されているとするのは狭いとらえ方であろう。これは、たとえ関係性が広がるにつれて完全義務から離れて不完全義務に近づいていくことになるとしても、共同体の枠組みによって拡張されうる義務だと思われる。つまり、私たちはさまざまな重なり合う共同体に所属しながら、自分と他者の関係性を構築している。その関係性から③の義務はグラデーションのように、共同体への愛着の度合いによって軽重

---

21) カント［9］81頁以下を参照。カントの義務の区分は次のように表すことができよう。すなわち、自分自身への完全義務として「自殺してはならない」、他者への完全義務として「守るつもりのない約束をしてはならない」、また自分自身への不完全義務として「怠惰に過ごさず自分の能力を開発せよ」、他者への不完全義務として「他者の幸福を促進せよ」である。

があってしかるべきものであろう。それは核となる親子関係をはじめとして血縁者、友人関係、地域社会（地元）、会社（勤務先）、国家、人類へと拡大していく。行為主体は個人であるにせよ、その個人が形成される際に地域や国の文化の影響を切り離すことはできない。私が日本語を話しているのはなぜであろうか。それは私の意志とは無関係に、日本という言語環境・文化のなかに生まれ落ち、自然に獲得されたものだからである。サンデルはこうした個人（自我、人格）が歴史的、文化的なバックグラウンドをもつことを論じている。[22]　共同体的な価値のなかで私たちは人生の意義を追求していくのであって、そこから切り離せるものではない。

　③の義務は、共同責任あるいは連帯責任という考え方にもつながっていくが、もしかしたら、この言葉に拒絶反応を示す人もいるかもしれない。連帯責任という表現にはネガティブな意味合いがある。けれども、その積極的な意味にも目を向けるべきである。というのも、私たちは共同体に所属しなければ生きていけない存在であり、共同体の構成員としてともに責任を負う存在だからである。例えば、もし自分の勤めている会社が不祥事を起こせば、その不祥事の直接的な当事者ではなかったとしても、その会社の一員として会社以外の人たちに対する申し訳なさを感じるにちがいない。国の歴史的責任という場面を考えても同様であろう。もし外国でその現地の人が第二次世界大戦中の出来事を指して「昔、ここで日本人はひどいことをした」といわれれば、申し訳ないという悔悟の念が生じるであろう。それはやはり自分が日本人だという帰属意識があるからこそである。これは、何もネガティブな意味合いばかりとは限らない。オリンピックで日本人が金メダルを取れば（ほかの国よりも）うれしく感じるのではないだろうか。同じ日本人というだけ

---

[22] サンデル［14］205〜210頁。サンデルはロールズの正義論を分析するなかで、こうした歴史的、文化的なバックグラウンドをもたない自我のことを「負荷なき自我」と呼んで批判した。

で赤の他人が行ったことであってもうれしくなったり、後ろめたくなったりするということは一見不合理であるように思われる。だが、これも私たちが日本という国家的共同体の担い手でもあるという帰属意識から来るものである。国家（政府）が「日本はもう二度と戦争はしない」とするならば、やはりそれは私たち（日本人）にとっての義務である。その際に、日本人でありながら「日本が戦争しようがしまいが関係ない」とはいえない。国家に対しても私たちは共同責任を負っているのである。

　とはいえ、他者に対する非難もしくは罪の償いは、その出来事に対するコミットメントの程度にも関係している。共同体において何ら決定権のない人が決定権のある人とまったく同一の責任を負うとすれば、不合理である。戦争責任についても一国民と時の政治家ではその度合いは異なる。むしろ、被害を受けた他国民からみれば、加害した国の国民も加害者かもしれないが、その加害国の国民も否応なく戦争に加担させられたと見れば、被害者の立場でもありうる。そのうえで、責任の果たし方はさまざまである。まずは謝罪の言葉という形式である。それから金銭的な補償が被害者になされる。法的責任が問われる場合には、刑罰として罰金や懲役等が科されることもありうる。つまり、責任を果たすことには、謝罪の言葉と行為（賠償、刑罰）という、内面的なものと外形的なものの二つがある。謝罪の言葉それ自体も確かに外形的なものであるが、そこには悔悟の念や良心の呵責といった内面的な反省に裏打ちされたものが含まれていなければ意味がない。そのため、たとえ賠償や刑罰が実行されても加害者本人に反省がなければ、被害者は到底納得がいかないであろう（もちろん、このことは賠償や刑罰の方が重要ではないということにはならない）。

　これに関連して、B・ウィリアムズが提起した「行為者の後悔」という概念について触れておきたい。[23]　私たちは自分の自由な行為にのみ責任を感

23）ウィリアムズ［5］46頁以下を参照。

じるわけではない。自由ではない行為においても、後悔を生む場合があることをウィリアムズは明らかにしている。行為者にはまったく過失や責任がなく、法的な罪に問われなくとも、自分自身に起きてほしくなかったことを（自分を行為者として）起こしてしまった場合には、後悔が生じるというものである。いうまでもなく、ウィリアムズの「行為者の後悔」には共同責任としての意味合いは含まれてはいない。けれども、「起きてほしくなかったこと」に何らかのコミットメントがある場合には、その程度に応じて後悔（良心の呵責といってもよい）を感じるのではないか。この場合、「行為者の後悔」というよりも「関係者の後悔」という表現が妥当するであろう。つまりは、もはやどうすることもできない過去に関して日本人が起こした戦争について聞かされても、他人事のように済ますことはできないのではないだろうか。たとえ直接的な非難や責任が自分に問われなかったとしても、「どうしてそんなことが起きてしまったのか（そして、起こしてしまったのか）」という後悔の念を感じるであろう。もちろん、なかには完全に第三者的な立場に立って他人事として見る人もいるにちがいない。けれども、このことは、行為の責任というものが自分の自由でなしたという範疇を超えてとらえられる面を明らかにしている。責任は行為主体とのコミットメントに関係している。そして、自分の人生というある種の物語のなかで、関係しているものに対する責任がある。私たちは人生というものを、さまざまな他者との濃淡のある関わりのなかで、歩んで行く存在なのである。

6 ｜ 利己主義と利他主義

　前節で述べたとおり、私たちは人生において他者との関わりなしに生きて行くことができない。生存のための必要性を超えて人間が人間らしく生きるためにも、共同体から切り離せない存在でもあるからである。だが、共同体においては他者との利害関係という大きな問題がある。第一には、各々自己

の利益のことを考えている（もっとも自己の利益といっても、そこには自己自身だけではなく自分に近しい家族などが含まれる場合もありうる）。いわゆる利己主義という問題である。利己主義に立つ場合、他者との関係性はあくまで自己の利益のもとでのみ成り立つ。もちろん、それは単に直接的な利益（金銭等）に限られないであろう。孤独の苦しみから逃れるために交友関係を保とうとする場合もあるであろうし、自己満足のために他者を手助けするかもしれない。そのように考えると、人間のすべての行為は利己的であるととらえられるかもしれない。これが利己主義という概念のやっかいな点である。

　誰かに親切にしても、それは自分にとっての自己満足や快楽を理由としての場合、あるいは親切にした人がいつかその恩を返してくれるかもしれないという見返りを当てにしている場合、それは利他主義の仮面をかぶった利己主義なのだ。また、命を投げ出して誰かを救出した場合であっても、自分にとって大切なもののために命を投げ出したのだから、結局のところ本人の利己主義にすぎないのだ。これらの解釈は、人間は利己的な動機からしか行為しないという極端な見方に基づいている。誰かが苦しんでいるのを見るのは耐えられないから誰かのために慈善行為をするとしても、それを利己主義として非難するのは行きすぎであろう。というのも、同情心のような共感能力がまったく欠落していて、誰かが目の前で苦しんでいても平然としている（手助けしようとする動機の生まれない）人がいたならば、それはやはり非倫理的だと思われる。このことは、同情心から誰かに手を差し伸べたいと思う動機を利己的と解釈するのは適切ではないということを意味している。ここに利他性を見出すことは何らおかしいことではない。同情心や共感能力から進んで、「誰もが苦しむべきではない」という普遍的な道徳的原則へと高めることもできるであろう。ここには、利他的な行為原則について共感性と合理性という二つの要素が重要な役割を果たしているように思われる。「誰もが苦しむべきではない」という原則は、誰かが苦しんでいるのが耐えられ

ない同情心から出発し、これを普遍的な行為原則へと高める合理的判断とが相まって成立している。この行為原則は「自己の利益」から離れた地点にあることから、利他主義に関する原理と見なしうる。

　そもそも利己主義というのは、「自己の利益だけをもとめよ」という行為原則といえよう。そのため、利己主義者は常に「自己の利益」を「他者の利益」よりも優先する行為を選択する。したがって、「自己の利益」と「他者の利益」が衝突する場合には利己主義者は非情な人間に見えるし、両者が衝突せずギブ・アンド・テイクのような状況下では、利他主義の仮面をかぶっているように見えることもある。なるほど、ギブ・アンド・テイクの関係性においては、「自己の利益だけをもとめよ」という利己主義的な行為原則が一般的に成立する余地はありうる。あるいは自己利益が激しくぶつかる社会（弱肉強食の社会）においては各自の利益を保全するために結果的に社会秩序が形成される可能性があるかもしれない。それはホッブズの議論に見ることができる。ホッブズは国家が成立する以前の状態（自然状態）では、各人の自己保存の利益が衝突することにより、「万人の万人に対する戦争状態」にあるととらえた。それは結局、各人の生命すらも脅かすことになる。このことから各人は戦争状態を終結させる国家の樹立へ向かうと考えた。[24]　そうすると、共同体における一般的原則としては、完全な利己主義（自己の利益だけをもとめること）に立つことは不可能であって、むしろ利己主義から派生した相互利益の原則のかたちを取るといえるかもしれない。いいかえると、「自己の利益のため、他者の利益も考慮せよ」という原則である。ギブ・アンド・テイクは自己の利益を最優先としている限り、必ずしも利他主義の原則とはいえない。では、利他主義は利己主義との対極的立場、つまり「他者の利益だけをもとめよ」という行為の原則としてとらえられるべきなのだろうか。この原則は利己主義とは反対に「自己の利益」を考慮せず、「他者の

24）ホッブズ［33］を参照。

利益」だけをもとめる立場である。だが、このような極端な利他主義は利己主義と同様に共同体での一般原則として成立する余地はなさそうである。とすると、やはりこの方向での議論には何らかの誤りがある。むしろ、利他主義とは、「自己の利益」と「他者の利益」を比較衡量した場合に、「自己の利益」よりも「他者の利益」を優先すべき場合があるということを認める立場として表せるのではないか。例えば、自分がさほど飢えておらず食糧に余裕があるときに、目の前で見知らぬ子供がひどく飢えていたとしたら、その子供からはどんな見返りも期待できなくとも自分の食糧を分け与えるべきであろう。この場合の利益とは、（飢えの）苦しみを取り除くということである。これは他者の苦しみであっても、自分の苦しみと同様に考慮されるべき場合があるということである。

しかし、人の心には「〜は不幸になる（＝苦しむ）べき」あるいは「〜を不幸にしたい（＝苦しめたい）」という望ましくない欲求を抱く場合もある。利他的な行為は善意と表現できるのに対して、相手を苦しめることを望む行為は悪意と表現することもできる。これは人間の悪という問題につながっている。

7 ▎ 悪意ある行為

利己主義はあくまで「自己の利益だけをもとめよ」という行為原則であるから、そこには誰かの不幸を願望すること、ましてや故意に危害を加えることを含意してはいない。ただし、利己主義者にとっては自己の利益が最優先であるから、利己主義者の行為が結果的に相手に損害を与える可能性はある。とはいえ、相手の損害は利己主義者が本来意図するものではない（長期的に見て競合相手を破滅させた方が利益になると考えた場合には、利己主義者は相手の破滅を意図するであろうが、それもあくまで自己の利益のためである）。それに対して、悪意ある者は、「〜が不幸になること」を欲する。その対象

者は、特定の個人かもしれないし、特定の集団や組織かもしれないし、不特定多数の誰かかもしれない。世を恨み、その破滅を欲する場合もあるかもしれない。不幸のなかには、身体的にも精神的にも苦しむこと（病気、事故、怪我、孤独、破産等々…）、そして死ぬことが含まれているであろう。場合によっては、悪意ある者は自己の利益を犠牲にしてでも対象者の不幸を実現するために行為する。もっとも、相手に不幸をもたらす行為としては、悪意ある行為のほか、過失のある行為もある。前者はその不幸を欲する意図した行為の結果であるのに対して、後者は行為者にとって意図せぬ結果である。それどころか善意に基づいた行為によって、相手に損害が生じるケースすら考えられる。そして故意かどうかは行為の責任にも大きな影響を与える。しかし、ここでは悪意ある行為の問題に焦点を絞ることにする。

　まず、原則的にまったく無関係の誰かに対して悪意を抱くことはありえない。一般的に悪意は、ある特定の人物・集団・組織に対するものである（特定の組織には会社や国家などが挙げられよう）。私たちはある意味、この世に生まれた時点で生存するために利己的な存在かもしれないが、はじめから悪意ある人物として生まれてくることはありえないように思われる。とすると、私たちが悪意を抱く場合にはどこかの時点で何らかの原因があるはずである。とはいっても、悪意を抱く原因はさまざまであろう。相手から自尊心を傷つけられた、相手に自分の利益を横取りされた、等々。自分の不幸（苦しみや損害）の原因が相手にあるということは悪意ある行為の一つの動機になりうると思われる。しかも、その原因は必ずしも直接的とは限らない。相手の存在が目障り、相手の言動が不快、気に入らないという点から、一方的に悪意を募らせることもある。嫉(ねた)みもその一例である。つまり、自分と他者を比較して、他者を羨むあまり、その他者を貶めるための中傷や、さらには直接的な危害まで加えることがある。こうしたケースのなかには、当の被害者が被害を受けてみてはじめて、相手から嫉まれていたことに気がつくということもある。知らず知らずのうちに、自分の言動が相手の嫉妬心を刺激し

ていたのである。

　「〜は不幸になるべきだ」という悪意ある者の行為原則の一般化はできないと思われる。というのも、先に指摘したとおり、悪意ある者は通常、ある特定の対象に対してのみ悪意を抱くのである。それゆえ、悪意とは特殊なものであり、普遍的なものとしては成立しえない。けれども、悪意は合理性との両立は可能である。つまり、合理的な手段でもってどのようにして相手を苦しめるかという形をとりうる。相手を不幸にする目的のために、合理性はどこまでも非情な手段として用いられうる。

　また、「悪を憎む」という表現について考えてみよう。憎むというのは、基本的にネガティブな意味をもっている。誰かを憎む場合には、その対象者を苦しめ、この世から消し去りたいという激しい感情を抱いている。それならば、悪を憎む場合にはどうか。それも、悪をこの世から消し去りたいという激しい感情を伴うように思われる。これは、義憤という表現にもあてはまる。義憤とは、不正に対して憤りを感じることである。不正や悪を憎むことは、正しいことなのか。このことを鑑みるに誰かを憎むことと悪を憎むことは、同じ憎むという言葉を用いていても、それは別種の事柄であろう。というのは、前者はすでに見たように、特定の対象への不幸を欲しているのに対し、後者は誰かに危害が加えられたり、不正がなされたこと自体に対して「そうすべきではなかった」という理由から生じるものだからである。「なされるべきことではなかったことがなされたこと」に対する怒りが原因である。それゆえ、「悪を憎む」こと、義憤という感情には道徳的な含意があるように思われる。

8 ｜ 徳と義務

　ここまで、さまざまな倫理的な学説や行為の原則について考察してきた。けれども、歴史的に見ると、どのように行為すべきか（広くは、どのように

生きるべきか）という問題は、人が身につけるべき徳として表されることになる。西洋ではプラトン、アリストテレスの古代ギリシャにまで遡るものである。プラトンの各種対話篇やアリストテレスの『ニコマコス倫理学』などの古典では、倫理学の主要な問題が徳をめぐって検討されている。しかし、これらの古典を繙(ひもと)いてみると、現代の私たちからすると首をかしげるようなものが徳として取り上げられていたりもする。例えば、勇気の徳についてである。古代ギリシャにおいてポリスの防衛は市民の義務であったから、成年男子はすべて戦士でもなければならなかった。そのため、勇気は成年男子の誰もが身につけるべき徳であった。ところが、現代では、職業軍人や警察官でなければ、勇気が必須の徳とは見なされないであろう。あるいは、封建的な江戸時代では主君への忠義が徳として重んじられていたが、成熟した民主主義社会である現代日本では、忠義をことさら重んじることは時代錯誤もはなはだしい。つまり、何を徳とするかは時代で異なることがありうることを理解していなければならない。

　徳は古代ギリシャ語でアレテーといい優秀性を意味しているが、これは倫理学的にとらえると人間の性格・人柄の優秀性として考察される。アリストテレスは、人間にとって人柄の優秀性が幸福（エウダイモニア）と結びついていると考えた。人間は理性的であるばかりでなく社会的動物でもある。人間は共同体のなかで幸福を実現しなければならない。そのためには、共同体のなかで幸福に生きていくための人柄を身につけておく必要がある。

　しかし、徳を単に幸福と結びつけるだけでは一面的であろう。むしろ、もう一つ重要な面がある。それは、社会の安定性という点に見出せる。社会規範を遵守するには、その規範を体得した人柄を形成しなければならない。例えば、ポリスを防衛するためには、軍の秩序を維持するにふさわしい人々の性格を形成していなければならないが、そのための訓練や教育が必要である。誰もが戦士でなければならない社会では、勇気は誰もが求められるべき徳となるであろうし、その社会の構成メンバーに共通する性格を形成するように

なるであろう。徳のあり方は社会によって変わることは先に述べたが、民主主義社会においては、基礎的な教育において、民主主義的な市民として体得されるべき徳が要求されることになる。それは、勇気や忠義よりも、誰しもが平等であるという感覚や民主主義的な公正さへの態度などである。

　このように、徳は時代や社会に相対的な面があることは確かである。そうだとすると、徳そのものが善であると本当にいえるものなのか。カントは「善意志」に関連して、徳一般についてそれ自体が善とは限らない点を指摘している。[25]　賢さ、[26] 大胆さ、手先の器用さ、身のこなしの良さといった徳は、もし泥棒が身につけていたとしたら、かえって最悪の結果を招くことになる。だからこそ、善いことを為そうとする意志こそが重要なのである。しかし、たとえ善いことを為そうと意志していても、何が善いことなのかを判断することができなければならない。カントは、これを実践理性という能力に求めた。私たちは、実践理性に基づき無条件的な命令としての道徳法則にしたがうことができるのである。カントも徳が重要ではないと考えているわけではもちろんない。けれども、賢さ、手先の器用さ、身のこなしの良さなどといった個々の特長よりも、義務にしたがう意志（善意志）が何よりも重要である。義務にしたがうことができなければ、ほかにどれほど一般的に徳とされている特長を備えていても、そのような人は道徳的であるとはいえない。カントの義務に関する考えは、常識的に見ると限定的にすぎるものであるかもしれない。しかしながら、このことは、私たちが人格的な存在者として備えていなければならない基礎的な徳に関する議論と見なすこともできる。つまり、「嘘をついてはならない」という義務にしたがうことができる人格は、個

---

25) カント［9］21頁以下を参照。
26) ここでいう賢さは、ずる賢さなどとしても表現されうるような、ある目的のための手段（道具）として機能しうるようなものと見なされる。他方で、賢人、賢者などの表現に見られるように、賢さは道徳的な善さや正しさとも結びついている。これは、本当に賢い人は愚かなこと（＝悪いこと）をしないと考えられているからである。

人の徳という観点からすれば誠実さや正直さととらえられる。カント的には、社会の根幹をなすのが人格の誠実さ、正直さにほかならないといえる。こうして見ると、徳という考え方は義務と完全に切り離されるものではないことが分かる。義務というものは、あるべき社会を実現していくために、その社会のメンバーである私たちが備えていくべき人格性とも関連している。

　このように、いわゆる徳倫理学と呼ばれるものは、他の倫理学理論（義務論など）と対立するものではなく、補完し合うものと考えられる。もちろん、前者は行為そのものよりも行為者中心的に考察するというちがいを認めるとしても、である。とはいえ、先に述べたとおり、徳というものが社会のあり方にとって相対的でしかないとすれば、むしろ私たちの社会における価値観が普遍的かどうかに強く依存していることになる。そして、これは依然として解決の難しい問題を提起するものである。

9 ｜ 人間以外の存在への倫理　——動物倫理

　本章第6節において、他者への同情心というものが利他的な動機として論じられた。このような同情心は、人間にだけ向けられるものではないであろう。他の生物に対しても同情心が向けられることがある。その根拠は何だろうか。
　私たちは、身近な犬猫などのペットをいたずらに虐待してはならないと考える。つまり、動物愛護の考え方である。これは、私たち人間が痛みで苦しむように、犬猫などのペットも同じように痛みで苦しむ存在だと見なしているからである。「（理由なく）苦しみを与えてはならない」という道徳的な原則は、人間だけではなく動物にも適用されうるという考えである。私たちは他者の苦しみを感じとることができる。犬猫についても人間ほどではないにしても、その苦しみを類推して感じることができるように思われる。身体的な証拠としては、私自身と同じ神経系を他の人間ももっているのであり、哺乳類であれば人間とまったく同じではないにしても類似した神経系をもって

いるであろう。とすると、人間が痛みを感じる出来事（ケガなど）の場合、動物も同じ痛みを感じるかもしれないとの類推が働く。動物の振る舞いや身体的特徴からみて、動物が痛みを感じない機械と見なす理由は乏しい。ただし、動物は人間が抱くような実存的な苦悩（人生についての悩み）をもつようなことはないであろうから、完全に同一視はできない。人間と動物に共通すると考えられる原初的な痛み、苦しみ、不安は考慮されるべきである。その際に、身体的・生理学的なメカニズムのちがいから人間には感じられないような動物に固有な苦しみについては個別的な動物行動学が明らかにしてくれるであろう。

　「（理由なく）苦しみを与えてはならない」という原則を動物にまで拡張させる場合に私たちが考慮すべきは、犬や猫などのペットだけではないということである。日常的に食卓に上っている食肉となる畜産動物（牛、豚、鶏など）もいる。（一部の）動物倫理学者は、人間の食肉として飼育され、屠殺される動物は苦しめられているとし、食肉の禁止を主張している。彼らが主張するには、人間は雑食動物であるから肉を食べなくとも、肉に代わる食物で必要な栄養素を摂取できるのだから、倫理的な観点から食肉を止めるべきであるという。それゆえ、食肉の快楽と引き換えに、畜産動物への不当な苦痛を与えることに無頓着であるとして、彼らは肉食する人たちを倫理的に非難する。

　しかし、食肉を動物虐待と同列に論じられるかは慎重に検討されなければならないであろう。動物虐待は不当に動物に苦痛を与える行為であって、当然許されないものである。それに対して、必要な栄養素を摂取するために食肉することは、はたして不当であるのかどうか。肉食動物（ライオン、オオカミなど）が他の動物を狩って食べることは生きるために必要であり、自然である。人間の場合、食肉が生きるために必要ではないのかどうかが問題である。したがって、人間は穀物を主食とする雑食動物であるが、人間にとって本当に食肉が不要なものであるのかどうかを栄養学的に慎重に検討する必

要がある。これは食肉が倫理学的に不当であるかどうかに関する第一の問題である。

かりに食肉が人間にとって必要だとして、次に問題になるのは家畜の飼育環境、食肉の生産方法である。動物の福祉（アニマルウェルフェア）の観点からすると、現代の畜産業における生産効率を重視した飼育方法では、動物たちは不当に苦しめられる環境に置かれているという問題がある。たとえ生産性が多少なりとも落ちたとしても、家畜の飼育環境を彼らの生息する自然に近づけることで本来もっている欲求をある程度実現させて苦痛を取り除く方法がある（例えば、鶏を狭いケージではなく、放し飼いをするなど）。生産性の効率が下がることは、食肉の価格の上昇を招くことになるかもしれないがそれを許容できるかどうかは消費者の倫理にも関わってくる。

さて、苦痛という観点から動物の倫理学的な問題に触れてきたが、当然ながら昆虫などの人間からかけ離れた生物種、さらには植物については、こうした議論は通用しない。なぜなら、昆虫が私たちと類似した苦痛を受けているかどうか推し量ることができないからである。そうであっても、広い意味での生命という問題は、地球の自然環境全体の価値に関わる環境倫理へと広げることで考慮できるであろう。これは、すなわち「（理由なく）生命を侵害してはならない」という原則への拡張可能性である。[27] つまり、どのような生命に対しても、不当にその生命が侵害され、奪われることが悪だと見なされうる。ここでも問題は、やはりその「不当さ」の基準である。例えば、感染症を媒介する蚊は、人間にとって非常な脅威である。これを害虫として駆除することは、「不当」とはいえないであろう。人間と蚊の生命は同等であるから、その駆除は蚊の生命の侵害である、とはいいがたい。私たちは人

---

[27] 動物倫理の先行研究では、殺生における自己意識要件（自己意識をもっている動物の殺生はそうでない動物の殺生よりも悪い）や動物の生存権に関する議論があるが、本節の文脈では立ち入らないこととする。シンガー［16］を参照。

間という種の保全を第一としているからである。けれども、人間にとって脅威とならない限り、当然その生命は尊重されなければならない。そこからは人間と他の動植物の共生の思想が生まれる可能性もあろう。

第5章

正　義

1 ｜ 倫理から政治へ　——社会契約という思考実験

　前章では、どのように行為すべきか、そしてどのように生きるべきかという問題に関わっていた。私たちは、一人ひとりが個別的な存在として生きながらも、同時に他者との関わりのなかで遵守すべき倫理的な行為の要求にも応えていかなければならないことが論じられた。それは、自分の自由と他者に対する責任の問題としてとらえられるものであった。そのような点から見ると、倫理は主として個人的な行為に焦点が当てられていた。それに対して、私たちの共同的（協働的）な利益（公益）に目を移すならば、「何がみんなの利益（公益）か」をめぐる共同体内における合意の形成などの、いわば政治という段階に議論は移行しなければならない。現実の政治が行われる共同体はさまざまだが、ここでは国家を代表的なものと見なし、議論をシンプルにすることでその道筋をはっきりさせたい。そこで、まずは国家の成立に関する次のような思考実験を提示する。

　例えば、ある時、不運にも私が一人だけ無人島に漂着し、そこで暮らさざるをえなくなる場合を考えてみよう。すると、生きていくためには衣食住を自給自足してサバイバル生活をするしかない。当然ながら、このような状態では政治もなければ、法もない（他者がいないから倫理、道徳すらもない）。その意味では、（法的、倫理的な制約がないという点で）私は自由である。そして、もしその無人島で誰とも遭遇せずにただ一人で何十年と暮らしてい

たならば、言語を必要としないし、寒さをしのぐなどの用途以外では衣服も必要としないであろう。自分の必要を満たすことだけのために生きていくことになり、（言葉を使わず、身だしなみに頓着せず）社会性を徐々に失って、野生動物に近い存在になっていくかもしれない。

そのような状況で（私が野生化？してしまう前に）新たにもう一人がこの島に漂着したとする。すると、最初は離れて相手の様子をうかがうであろうが、徐々に警戒を解き、いずれ言語（言葉が通じなければ身振り手振り）で相手とコミュニケーションをとろうとするであろう。相手が自分に危害を加える可能性のない人物と分かれば、この島での生活について教え、必要に応じてお互いに協力し合うようになるにちがいない。その協働を通じて、暗黙のうちにあるいは話し合いによって生活上のルールが定まってくることになる。ただし、相手がまったく協力的でない場合には、このようなルールの成立する余地は少なく、せいぜいお互いのテリトリーを侵犯しないことだけが暗黙の了解事項になるはずである。そうしてお互いに干渉せず、孤立した生活をするであろう。だが、最も悲劇的なのは相手が攻撃的であったり、支配的であったりする場合である。そのときは、自分の身は自分で守るほかない。

無人島で二人が生存し、協力関係にある状態は、いまだ国家や政治という段階とはいえそうにない。けれども、お互いに対する最低限の倫理、道徳的なルールは存在しているといえそうである。[1] さて、二人が協働している関係性のなかに、さらにもう一人漂着者（三人目）が来たとしたらどうだろうか。おそらく、先の二人は、新たな人物に対してすでに取り決めたルールを説明し、それにしたがうことを求めると思われる（もちろん、この三人目が安全で信頼に足るとの判断が先立つが）。新たなメンバーが加わったことで、必要に応じて新たにルールが作られるかもしれない。おそらく三人になっ

---

[1] ただし、極端な話としていえば、二人だけであってもお互いが対等に対話し、合意形成しながらルールを決めていく過程に政治の萌芽を見出すこともできるであろう。

た段階で、二人だった場合よりも、ルール違反に関して明確な罰則が設けられるかもしれない。つまり、もし三人のうち一人がルールを破ったならば、残りの二人は違反者に何らかの制裁を加えるか、あるいは協力関係から排除するかもしれない。このことは、ルールが三人の合意によって形成されていることを意味しており、ここに一つの政治のシンプルな型(かたち)を見出すことができそうである。なぜなら、ここにはすでに一人の意志ではなく、三人の意志によって島の生活が維持されていることになるからである。もちろん、この島で三人が暮らしていくのに十分な土地や食べ物があることが前提である。かりに島の環境が一人の生活しか許容しえないものであれば、生き残りをかけた争いは避けられそうにないが、ここでは考慮の外におく。

　これまでの議論からいえる政治の特徴とは何か。それは、話し合いによって集団の合意を形成し、集団のメンバーである私はその合意にしたがうということであろう（ただし、集団内で暗黙のうちに形成される合意もある）。集団の合意は、個々のメンバーの意志を合同したものという点で集団の意志といってもよい。[2]　集団の合意形成によって、その意志はルールすなわち法として現実化されうる（そのルールや法は集団の慣習によっては明文化されない場合も当然ありうる）。[3]　その際に、法をどのように解釈して用いるか、という問題も生じてくる。その運用のために別の合意形成がさらに必要になる場合もありえよう。これは後々社会が発展するにつれ、法によって裁定する長や法の専門家に委ねられる可能性を示す。このようにして、合意に基づく法のもとに初期の国家のようなものが形成されてくる。もちろん、合意と法は、誰か特定のメンバーの利益のためではありえない。それは協働によってえられる利益、全員の利益たる公益のためである。そして、協働は

---

[2]　ルソーの一般意志という概念がここでは参考になるかもしれない。ルソー［37］を参照。
[3]　集団の合意形成は、単なるルールばかりではなく、集団が目指すビジョンや具体的な実現を目的とする計画（プロジェクトなど）の決定にも当てはまり、これも政治的には重要である。これらも含めた広い意味でルールや法を理解してもよいであろう。

単にルールを守ることばかりではない。そのために、全員が労働力を提供したり、富の一部を提供したりすることもありうる。これを税のはじまりと考えることもできるかもしれない。労働力にせよ、富にせよ、集められた税は当然ながら公益のためにのみ用いられるべきものである。

　このような法にしたがうことは、私が当初無人島に一人でいたときと比べて、行動に制約を受けることになる。これは一見すると、不自由に見えるかもしれない。しかし、ルソーの言葉を借りるならば、自分の自由意志で国家のメンバーとなっているのであり、その結果としてその法に服するのである。[4]あえて国家のメンバーになり法にしたがうのは、そうした方が一人のときに比べより大きな利益をえることができるからにほかならない。一人では不可能なことでも、三人のメンバーでは可能なこともある。その協働性に基づく利益の大きさを考慮して、自由に国家に服従する、ということである。もし私がこの三人の国家に嫌気がさし、なおかつ一人で生きて行けるなら、この国家を離脱するという選択も可能である。しかし、この選択は同時に三人の協働によってはじめて可能になった利益をも放棄することである。それでもなお、最初の一人の生活の方がより大きい利益があると考えるなら、その選択はありうる。あるいは、三人のうちの誰かが、取り決めた合意や法とは無関係に、他のメンバーを虐げるようなことがあれば、虐げられたメンバーはこの小さな国家にとどまる理由を当然失うことになる。

　さて、ここまで国家や政治の形成過程を思考実験によって見てきたが、これはいわゆる社会契約に基づく国家形成の見取り図といえる。つまり、ここでは国家以前の状態（ここでは無人島でのサバイバル生活）を想定し、そこから複数人で共同体を形成することで国家のはじまりがとらえられた。現実には国家が成立する以前の状態（これを自然状態ともいう）がどのようなものかは、歴史的ないし人類史的な問題として興味深いものではある。だが、

4）　ルソー［37］第1篇第6章を参照。

ここでは実際に歴史的に社会契約があったかどうかが問題なのではない。むしろ、すでに生まれながらにして国家に帰属している私たちにとってみれば、思考実験を通じてこそ問題の本質をつかめる場合もある。

いうなれば、私たちは生まれながらに他者が取り決めた社会秩序のなかに投げ込まれた状況で存在している。広くとらえるならば、社会秩序のうちには、法や制度のみならず、さまざまな慣習、言語、歴史等々（いわゆる文化全般）が含まれている。むろん、法に限っていうならば、私たち自身が税として財産の一部が徴収されることや、法を犯した場合に最悪生命を奪われる（死刑になる）ことに、事前に（この社会に生まれる前に）同意することなどできない。自分自身が、こうした法を含めた社会秩序や文化からさまざまなもの（例えば、教育）を受けとる限り、自分自身のあり方も国家と切り離すことはできない。とはいえ、法もまた永遠不変なものではないから、時代ごとのメンバー次第で変わりうるのであるが、現実の政治体制において、法や制度を変えることは必ずしも容易とは限らない（というより容易ではない）。このことはまた、国家がどのような体制で統治されているか、という問題にも関わる。先の無人島に漂着した三人の最小国家では、お互いが対等なものとして話し合い（合議）を通じて、合意形成がなされた。すなわち、三人の合意こそがその法に正当性を与えるものであった。そしてその合意は、三人全員の利益である公益に基づいていた。そうした正当性は合意や法を執行しようとするときに、それにしたがわなければならないという強制力を生じさせる。ここに国家統治における権力の萌芽を見ることができるかもしれない。

2 ｜ 権力と国家

歴史的に見れば、宗教（神）、富、力（軍）、名声等々のさまざまな要素が権力の正当性を裏づけるものでありえた（現在でも大なり小なりそのような面があるかもしれない）。けれども、前節で見たとおり、国家の構成メンバー

が互いに対等であるという前提から出発する限り、それは公益に基づく合意こそが権力を正当化できる根拠であった。このことは民主主義国家である限りにおいて、規模の大小にかかわらず、その根本的な原理を表しているように思われる。

　しかしながら、民主主義国家かどうかを問わずどのような体制であったとしても、現実的には為政者と民衆は対等ではない、という疑念を抱いているかもしれない。既成事実として、為政者が権力をもち、民衆は権力をもたない。為政者は民衆の望む利益（公益）とは別の利益（私益）のために権力を用いているのではないのか。これは、為政者と民衆の利益は対立するという構図である。このような対立からは、国家統治を否定する極端な立場が生じてくる余地がある。いわゆるアナーキズム（無政府主義）である。双方の利益が対立する限り、政府は民衆から利益を搾取し、虐げるだけの存在であるから、政府は民衆にとって百害あって一利なしである。それゆえ、政府がなければ、民衆は搾取されることなく自由であると考える。

　けれども、これまでの考察を踏まえるなら、アナーキズムにおいて統治は不在であるから、当然ながら公益もないということになる。そのとき、私たちは自分の利益（私益）のみに基づくことになる。そうすると、他者との関わり方はあくまでギブ・アンド・テイクでの関係に限られることになるであろう。公益に関わるメンバー全体の合意もないから、その点での自由はある。そこには個別的な契約（合意）だけがある。だが、同時にそこには一貫した法秩序にしたがわせる強制力も存在しないから、契約に違反しても公的な刑罰はない。その場合には、ルール違反に対する私的な制裁が存在するだけである。もっとも、互いが対等であるならばともかく、相手の方が圧倒的に強ければ（自分が相手に制裁できなければ）、相手はそもそも契約を守る必要性すらないことになる。そう考えると、これはある種の無法状態（統治がな

いから当然なのであるが）ということになるであろう。[5]

　さて、話を戻すと、無人島からはじまった三人の国家のときには、このような権力の非対称性（特定の誰かが権力をもち、ほかは権力をもたないこと）は存在していなかった。それゆえ、民主主義の根本原理に基づけば、本来そのような非対称性は生じないはずである。ある意味で、ルソーの『社会契約論』の目指した理想もそのようなものであった（権力者が民衆を搾取するような偽りの社会契約を破棄し、そして新しく社会契約を締結し直すこと）。だが、権力の非対称性が生じるのはどうしてなのか。

　ホッブズは国家権力に強大な力を認めたことで知られているが、これは無法状態において人間は常に互いに争っているとし、その戦争状態を終結させるために必要だと考えたからである。[6]　国家権力のないときに人間が戦争状態におちいるのは、そもそも人間は自己保存の欲求という目的のために行為するものだ、という見方にある。もし人々の自己保存の欲求を完全に満たせるだけの富があれば、戦争状態は回避できるのかもしれない。しかし、人間の欲求に際限がなければ、争いは不可避である。争いを終わらせるためには、欲求を自制させる何かが必要である。それが、強制力をともなった法秩序にほかならず、それを裏づけるための権力である。とはいえ、これは国家権力のもとで一部の権力者がその他大勢の民衆たちを抑圧する可能性をはらむことにもなる。このとき、権力者と民衆に非対称性が生じていることに気

---

5) アナーキズムを考えるとき、あるいは自然発生的な自由市場などを想定すると分かりやすいかもしれない。私益を求めて商売人が自由に集まって売買を行う。その市場では私益を守るための基本的なルール（商慣習のようなもの）も自然に生れてくるだろう。もちろんこのルールは公的ではないから、違反行為に対する明確な罰則はない。けれども、違反者はいずれこの市場から締め出されることになろう（私的制裁）。違反者は結果的にそこで商売するという利益を失うことになるから、それを避けるために、違反しないように心がけることになる。これは、ルールを守ることが結果的に自分の利益になるからにほかならない。注意すべきは、このルールは公益のためではない。
6) ホッブズ［33］を参照。

づかされる。この原因は、法秩序のためには強制力を伴う権力が必要であるというところにありそうである。ホッブズのようにとらえて見ると、国家というものが戦争状態を終わらせるという消極的な役割をもっているだけの必要悪にすぎないようにも見える。それとも、そうではなくて国家は積極的に人々の幸福に寄与しうるものなのだろうか。こうした問題を考えるうえでも、政治権力と統治は、政治哲学の課題として重要なものである。

　プラトンは『国家』で哲人政治を説き、もっとも優れた者たちだけが統治者として国家の運営に携わるべきだと考えた。[7]　確かに民衆は愚かで残忍な権力者によって統治されるぐらいなら、国家などない方がましだという考えに至るかもしれない。それに対して、もっとも優れた者たちに国家運営を任せられれば、民衆（の生活）にとってはより良いことにちがいない。哲人政治によれば、もっとも優れた人たち以外は政治に関与することは許されない。優れた統治者のもとで、各階級（統治者、戦士、生産者）のメンバーが徳を備え、調和のとれたときに国家の正義が実現されるという。けれども、民衆は国家の運営について、「もっとよく国家を運営できるのではないか」などの不満は抱かないだろうか。プラトンの前提からすれば、統治者よりも劣る民衆の方が「もっとよく国家を運営できるわけがない」のだから、その不満自体が不当だということになろう。ここで問題にすべきは、哲人政治においては、統治者とその他の民衆は支配者と非支配者に二分され、後者には政治参加の自由の余地がないという点である。その際、民衆たちは幸福であるかぎり、政治を支配者に委ねることをよしとするのか。それとも、みずからの手で幸福を実現するために、やはり民衆自身が政治に携わることを選択するのか。つまり、結果がどうあれ、自分自身が政治に参画することによって幸福、そして公益を考慮し、国家運営の責めを負う選択をするのか、である。たとえ理想的な国家運営ができなくとも、民衆みずからが政治に携わること

---

7)　プラトン［28］を参照。

にこそ、民主主義の道理があるといえよう。すなわち、統治の結果よりも統治の手続きによる正当化が重視されている。民衆の政治参加という正当化のもとで、国家の役割として要求されるのは、秩序だった社会であり、かつ人々に必要なものが満たされていること、そして自分の幸福を（社会に反しない限りにおいて）追求することが可能なことであろう。

3 ┃ 「多数者の専制」と公益としての自由

　三人からなる最小国家の話に再び立ち戻るとしよう。先の議論で見たとおり、三人が協働することでえられる利益、つまり公益のために合意することが、そのルールたる法にしたがう根拠をなしていた。しかし、公益（この場合は三人全員の利益）に関わるある提案に関して二人が合意し、一人が反対した場合にはどうだろうか。その合意は有効といえるだろうか。もし、この提案に関する二人の合意というものが、反対した一人に対してのみ過重な負担をかけるような内容である場合、それは公益という観点からみて正当性をもちえない。なぜなら、公益というものは互いに対等な条件に基づくものでなければならないからである。そのため、もしその提案が誰か一人への過重な負担をかけるのではなく、対等なものであって、三人が協力しなければ実現できないような全体の利益であるならば、「多数決」によって、反対の一人は、二人の合意にしたがわなければならないであろう。この提案は合議によって、反対する一人もしたがわなければならないという了解をえなければならないが、したがうことで反対する一人も何らかの利益をえることができる（だからこそ公益なのである）。多数決は、最小国家であっても濫用されてはならない。三人のうち二人が結託し（人数が少ないので徒党を組むまでには至らないが）、残る一人を強制させることがあってはならない。ここには、いわゆる「多数者の専制」のミニマムな姿を見てとることができる。

　多数者の専制とは、多数者（マジョリティ）が少数者（マイノリティ）を

第5章　正　義　│113

政治的に抑圧することである。国家のメンバー全員で公益について合議する民主主義においては、多数者が強者であり、少数者が弱者でありうる。強者が弱者を抑圧することは、権力者が非権力者を抑圧するのと類比的な関係としてとらえられる。それゆえ、多数決という決定手続きを絶対視しないことが重要である。次のような事例を考えてみよう。ある民主主義国家に公序良俗に反しない思想（宗教でもよい）が二つあったとする。その際、国民の約90％が思想Ａを信奉しており、残りの約10％が思想Ｂを信奉している。ある時、思想Ａの信奉者らが思想Ｂを広めたり教えたりすることを制限するような法を多数決で決めたとしたらどうか。この国家が立憲国家であって、思想（あるいは信教）の自由が憲法に明記されていれば、当然その法は違憲無効となるであろう（それなら話は単純である）。けれども、かりにそのような自由が憲法に明記されていなかったとしても、その決定は間違っているのではないだろうか。

　というのも、思想Ｂはその国家の公序良俗に反しないものであった。つまり、思想Ｂは反社会的な思想ではなく、異なる思想Ａを支持する人への危害を与えるような内容を含まず、思想Ｂを支持するかどうかも何ら強制ではなく各人の自由である。それにもかかわらず、思想Ａを支持する人たちが、思想Ｂを禁止するような法を一方的に制定することは、思想Ａを支持する人たち自身が思想信条の自由という公益に制限を課すという矛盾を犯すことになるのではないか。そもそも民主主義的な原理に基づいて、国民に自由が保障されているということは、国民全体の利益、公益としてとらえられうるはずである。したがって、もし多数者の利益（これは公益ではない）のために思想Ｂを抑圧することをよしとしたならば、この決定は多数派を形成した側が好き放題にできることを意味することになり、少数派の側の自由を抑圧してよしとする社会になるであろう。だが、このような社会のあり方は、結果的に国民全員の首を絞めることになる。というのも、このような社会はひいては全体（多数者）の利益のためならば、個人の自由を抑圧してもよいという

ことになり、全体（多数者）が個人よりも優先されることに行き着くことになるはずだからである。多数者の専制が行き着く先は、このような全体主義だと思われる。

このように、少数者を虐げる「多数者の専制」は、結果的に民主主義的な公益（自由）に反する。このことは、民主主義的原則に反しない限りにおいて、個々人の自由を侵害してはならないという原則を導出すると思われる。第4章でもあつかったとおり、自由の制限は倫理的原則としては他者の自由を侵害する場合に限定されていたが、政治的原則においては公益に反する場合に限って許されるものととらえられる。したがって、思想A、思想Bはその支持者の多少に影響されることなく、いずれも法によって規制されてはならない。もちろん、思想Bが何らかの社会秩序に反するような要素をもっている（これは思想Aを侵害することを含む）ならば、思想Bは制限される根拠があることになる。

以上のように、たとえ多数者の合意によっても正当性のない合意がありうるということは、上位の合意と、それを覆すことができない下位の合意があることを表している。国家を形成するところの社会契約は、全員の利益たる公益こそが最上位の合意とみなされる。したがって、多数者による少数者の利益を侵害する合意は、公益を覆すだけの根拠をもたないという点で下位に位置づけられる。これは今日の私たちの実定法において憲法を上位法とし、違憲と判断された下位法が無効になる関係を見れば分かりやすい。これまでの議論から、民主主義的な原則に基づく公益のうちには自由が含まれることが明らかとなったのであり、自由が意志の合意を形成する場である政治においても重要性をもつことになる。

さて、多数決による合意形成とは、全員一致が不可能であることから取られる手段である。先に見たとおり、この手段は決して多数者の利益だけのためにとられるものであってはならなかった。ルソーは『社会契約論』で、一般意志に対するものとして全体意志についても述べていた。全体意志とはみ

んなの利益（公益）ではなく、個々人が利益（私益）を求めようとする意志の総和である。[8]　みずからの利益を追求するために利害一致する者同士が手を組むことがあるかもしれない。みずからの利害だけを考えた全体意志において多数決が用いられれば当然のこと、多数者の専制に大いに傾くおそれがある。それを避けるためにも、多数決とは多数者の利益だけを追求するものではなく、全員の利益を考慮した結果でなければならない。それは少数者の利益についても同様である。多数意見や少数意見は、いずれも公益の追求における意見の相違でなければならない。だからこそ、少数意見もその討議のなかで十分に検討される必要があり、問題の対処において、各々の意見の根拠と道理を比較考量したうえで、合意形成が図られなければならないのである。

4 ｜ 正義

　民主主義的体制と自由との密接な関連性については先の議論で見てきたとおりである。そのなかでは、公益という正当化の観点から多数者の専制が批判された。ここで、国家における正しさが問題にされたともいえる。それは単に手続き的な正しさのみならず、どのような国家社会が正しいのかという正義の問題でもある。多数決が絶対的な意味において正しいわけではないというのは（「多数者の専制」が不正であることは）、単に手続き的にというよりも、国家社会のあり方としてそうだと思われる。

　よく知られているように、政治哲学において正義は古代プラトンの『国家』からはじまり、もっとも重要な徳とされた。プラトンは正しい人と正しい国家というものを類比的にとらえて論じたが、前者を倫理の問題として、後者を政治の問題として切り離しておくことにしたい。そしてここではあくまで

---

8)　ルソー［37］65頁を参照。

国家における正義に焦点を絞る。そこで今日、正義について議論するうえでは、ロールズの『正義論』をもっとも重要な理論として挙げることに異論はないであろう。そのなかの有名な一文に「真理が思想の体系にとって第一の徳であるように、正義は社会の諸制度にとって第一の徳である」[9] というものがある。これは、自由、平等、富、尊厳等々のさまざまな徳があるにせよ、それらは社会の正しさによって最終的に測られねばならないと理解される。ロールズの「正義の二原理」の格差原理において経済的格差は、その社会でもっとも不遇な立場に置かれた人の状況の改善に寄与する場合にのみ正当化される。[10] この原理は財の再配分を含み込むものであって、どれほど自由な社会であっても貧富の格差が大きすぎる場合には、その社会は決して正義に適ってはいないことを意味している。あるいは、すべてが平等な社会であったとしても、それが個々人の自由が極端に制限されることで成り立つならば、それも問題である。私たちの国家社会にはさまざまな価値や権利があるが、それらをどのように調整すれば、正義に適うものになるのか。正義に適った国家社会とはどのようなものなのか。さまざまな価値や権利から構成されている複雑な社会のなかで、この問いは答えることがきわめて困難なものに思われる。

　ここで出発点としなければならなのは、やはり前節までに検討してきた民主主義と公益である。正義を構想する国家において、自由を剥奪するような奴隷制のある社会は排除されなければならないし、同じ根拠で人種、身分、性別等による生まれに基づく不当な差別もまた排除されなければならない。これは民主主義的な原則によって各人が対等かつ自由にあつかわれるという公益から導出される。国民の対等性は、正義に適った社会の必要条件だと見なせるであろう。ロールズは自由を、第一原理においてその絶対的な優先権

9）　ロールズ［39］6頁。訳文を一部改変。
10）　同上、84頁を参照。

として主張したが、現実の社会で自由は必ずしも絶対的なものではないと考えられる。なぜなら、一定程度の自由を犠牲にしてでも大多数の生命の尊厳を守るということはとりうる選択だからである。例えば、大勢の子供たちを病気や貧困から救うために、みずからの自由や財の一部分が制限されたとしても、それには十分な根拠があると見なすのではないか。

　苦痛(これは、単なる身体的な痛みに限らず、精神的苦悩や生活苦等の広範な意味も含む)といわれるものは、貧困におちいること、病に罹ること、災害や犯罪に遭う等々によって引き起こされる。奴隷の苦痛は、自由と人間性の剥奪に由来するさまざまな災厄であろう。[11]　貧困が苦痛であるのも、食べるものがない、住む場所がないという極限的状況のみならず、これらに関して経済的に選択する余地がないところから来るものでもある。国民がこうした苦痛に見舞われ、それが他の国民の援助(これは物理的にも、経済的にも)によって取り除くこと(あるいは軽減すること)が可能であるならば、そのためには援助するべきなのではないだろうか。例えば、10人の国民のうち、不運にも1人が苦痛に見舞われたとき(それは貧困、病、災害等、さまざまであろう)、その苦痛の除去のために9人が公平に、過度な負担にならない程度の援助を与えることは、国民たちの公益に反しないと思われる。なぜなら、誰もが不運に見舞われる可能性があり、その当事者になった場合には他の国民から援助をうける可能性があるからである。このことは、「苦痛は取り除かれるべきである」という倫理的原則が政治的な原則へ拡張されることを意味する。つまり、他者の苦痛を見て見ぬふりをすることが倫理的原則に反するのであれば、苦しんでいる国民のために他の国民に応分な負担を課すことは不当とはいえない。もちろん、苦痛の程度やその負担の大少はケースバイケースで検討する必要がある。そのうえで、私たちは苦痛に

---

11) ストウ[17]を参照。この小説は奴隷制度の引き起こす非情さや非人間性を鮮やかに描き出したアメリカの文学作品である。

見舞われている人々に対して手を差し伸べるべきだと考える。そしてこの原則は国家を超えて拡張されうる。国際的な災害救助支援、医療支援、食糧援助などは、こうした具体的な事例として挙げることができる。

　国家の目的を国民の苦痛の除去、そして生の充足としてとらえるならば、これは社会政策において課題となる。文化もしくは科学政策において、例えば古代の遺跡や建造物を保存するために巨額の税を投じ、あるいはブラックホールを観測するために莫大な費用のかかる天文台を維持することもある。極端な話として、これらの費用は貧困や疾病の対策に充てた方がよいのではないだろうか。もし「苦痛は取り除かれるべきである」という原則が最優先だとするならば、貧困や病で苦しんでいる国民が一人でもいる限り、その対策に優先的に国家の資源は投入されるべきであって、文化や科学に現を抜かしている場合ではないという意見も考えられるであろう。この見解には一理あるかもしれない。貧困問題をそっちのけにして科学・文化政策にばかり巨額の費用を投じていたとしたら、それは明らかにおかしいといえよう。しかし同時に、科学・文化政策を一切取りやめて、その浮いた費用で貧困・疾病対策をせよ、という主張も極端にすぎると考えられる。それはなぜだろうか。

　生の充足、そしてその背景としての社会の豊かさといってもよいが、国家のうちには文化的、歴史的、宗教的な要素もまた不可欠である。つまり、歴史や文化財は、私たちにとっての生を豊かにするために必要なものであるし、科学的進歩は人類の福祉に役立たせることばかりでなく、それ自体が一つの知的探求の価値を備えているものでもある。なるほど、これらの費用によって、もっと多くの人々を救えたかもしれない、という主張は正しい。ただし、これらの価値をどう評価し、配分するかは、各々の国家における民主主義的な取り決めに依存している。このことは、いわば「生を充足（豊かに）するために、国家の資源を配分せねばならない」という原則として表すことができるが、これは「苦痛を取り除くために、国家の資源を配分しなければならない」という原則を積極的な方向でいいかえたものと見なされよう。「生を

充足（豊かに）」するためと「苦痛を取り除く」ための両方の方向性が必要である。

さて、文化の振興、科学の進歩等々のために資源を投入することと、貧困対策のために資源を投入することの方向性をどのように評価しなければならないのだろうか。ここで、どのような評価の仕方が「正しさ」をもつのかという問題に行きあたる。

5 ▎ 正しさの判定 ──自由と格差をめぐって

極端な不自由、貧困、差別等々が正しい国家には容認されえなかった。それらは、国家のメンバーである私たちにとっての民主的な平等性に反するものになるからであった。したがって、そうした現実は取り除かれなければならず、もしこれが国家の法や制度によって生じているならば、それらを修正すべき根拠となる。

当然ながら国家の資源が有限であることを考慮すると、配分には優先順位をつける必要が生じる。すでに言及したように、ロールズは自由を第一の優先順位において、格差を条件つきで容認していた。すなわち、格差が正当化されるためには、社会のなかで最悪の状況に置かれている人々の生活が改善されるため、という条件を満たす場合に限られた。ロールズの正義論では、格差原理が自由原理よりも優先されることはない。自由によって生じる格差が不遇な人々に寄与しうる限りにおいて、その格差は正当化される。そうはいっても、その寄与によってどれほど格差が正当化されようとも、その格差があまりにも大きい場合には、自由よりも格差の是正の方を優先すべきではないのか。貧富の差が大きすぎる社会は、たとえ自由原理が不遇な人々に寄与するものだとしても、それがもたらす社会的な不平等は無視できなくなるように思われる。自由原理には格差そのものを縮小しよう（なくしていこう）という**機能**が何ら認められえないところに問題がある。

このようにロールズは自由な社会を理想として「正しさ」を描いたが、ある価値に特権性（この場合は自由）を与えるということは危うさをともなう。それゆえ、ある価値に特権性を認めるかわりに、各々の価値のバランス（平衡、つり合い）のなかで判定することが必要だと思われる。この場合は、自由に第一の優先順位を与えるのではなく、自由と格差の両者がどの状態でつり合いがとれるかを考慮していくことが「正しい」社会の一つの指標になるのではないか。そうすると、私たちは、不当な格差を除去するために資源を投入しなければならないのは当然だとしても、それは社会全体のバランスのもとでなされるべきものである。では、それはどのように判定されうるのだろうか。

　まずは、「人格の侵害となる程度によって判定されなければならない」。合理的な理由なく、本人の属性（人種、民族、性別、年齢等々）のみによって差別することは不当である。また、本人の能力ではなく単なる属性によって職務内容、給与、待遇に格差を設ければ、それは妥当性を欠いている。そうはいっても、何をもって「人格の侵害」としてとらえられるかは、時代や文化などによっても影響を受けるであろう。例えば、各種のハラスメント行為は、かつては社会問題としてとらえられていなかった。それに対して、現代ではそのような行為は大きな人格の侵害として一般に認知されている。したがって、その個別具体的な内容を規定することは難しい。それは各々の時代や社会が取り決めるものだからである。そうはいっても、文化の相違によって人格の侵害が許されるとはいえないであろう。その意味において、人格の侵害という差別や格差がもたらす「苦痛」が普遍的価値をもつという共通認識を醸成していくことが要請される。いまだ女性差別の根強い国や地域では、女性という属性で自由が制限されている。女性であるからといって職業や教育の機会などが奪われることは不当であるが、女性がみずからの「不自由」を自覚していない現実すらある。

6 ┃ 国家と教育

　「衆愚政治」という言葉がある。民主主義をとっている私たちにとっては、（現状がそうはなっていないことを願いつつ）常に心に留めておくべき警鐘ともとれる言葉である。プラトンはアテネの民主政治に失望し、『国家』でそれを批判してエリート主義的な哲人政治を説いたことは先の第2節で述べたとおりである。このことを念頭におくとき、次のようにみずからに問わなければならないであろう。つまり、愚かな政治的選択によってみずからを不幸にしてしまうぐらいなら、最も優れた人物に政治が委ねられることで国家の豊かさを実現してもらうべきではないか、と。これはいいかえると、私たち自身が政治の自由をもたずに、優れた者による決定にしたがうことで幸福が実現するならば、それをよしとするかということである。

　もちろん、これをよしとしないのが民主主義にほかならないわけだが、しかしそこには一つの重要な観点がある。それは、みずからの政治的選択とそれに伴う責任を引き受けるということである。そのためには、一人ひとりが政治に関する知識と判断力を備えていることが必要になる。政治というものがひいては私たち自身の生き方や価値に関わるものであってみれば、民主主義はそれにふさわしい選択のできる人格を一人ひとりがもっていなければならない。当然、このような知識や判断力は自然に身につくものではない。それを養うための教育が求められるのである。民主主義的な政治体制というものは、本来そのような人格をもった国民によってなされるべきものである。

　デューイの『民主主義と教育』は、それを明確にしたものであろう。[12] 民主主義を制度としてとっていたとしても、一人ひとりが人格としてその価値を体現し、かつ共有していなければ、それは形骸化したものにとどまる（いわば、仏をつくって魂入れず、の状態である）。民主主義というのは単なる

---

12) デューイ［22］。

政治制度ではない。選挙で代表者を選び、代表者が国民（主権者）に代わって政治を運営する、というのは非常にシンプルに聞こえる。しかし、選挙で代表者を選ぶということが民主主義とイコールなのではない。代表者は、国民の政治判断を集約しているのでなければならない。[13] 国民一人ひとりに、民主主義的価値を共有することと、政治的判断力の素養が要求される。注意すべきは、これらは決して専門的な知識というわけではないという点である。私たちは、一人ひとりが国家のなかの生活者である。自分の家庭、仕事、趣味等々の日常をすごしている。そのあり方は各人各様である。そうしたなかで、他者と関わりながら自分の生の充足や実現を目指していく存在でもある。その際に、各人の生は多元性のもとに尊重されなければならない。それゆえ、民主主義は全体主義であってはならない。すなわち、全体主義は個人の自由を犠牲にしてでも全体の利益を優先するが、民主主義は個人の生の豊かさを追求することによって全員の利益を実現していく。そのためには、その価値観に即した民主主義的な教育が国民になされる必要がある。それは、プラトンの理想国家が目指しているエリート教育や、独裁国家における統制的で支配的な教育と大いに異なる。民主主義的な価値観のもとでは、権力者にひたすら服従することを意義のある振る舞いとは評価しない。

　では、完全に正しい国家とは結局どのようなものか。人々を抑圧する全体主義や専制政治が正しいものではないことは明らかである。そうかといって、民主主義が完全であるとか、そうでないとかはいえないであろう。かりに絶対的な正しさがあったとしても、それは完全な三角形というようなもので現実世界に存在できるとも思われない。それでも、私たちは正しさというものを行為や決定の価値の一つとしている。そこから正しい国家というものに少

---

13) 理想は直接民主政である。国民が直接政治に参加することである。しかしながら、国民投票などの大掛かりな制度を頻繁に行うことや、各種さまざまな議題を全員で審議することは現実的ではありえない。そのため、専門家の意見を踏まえたうえで国民の意見を代表して決定する人を選ぶ必要性が生じてくる。

しずつでも近づいていこうとすること、誰もがみずからの生を豊かなものにすることが可能な国家へと近づいていくことを、手探りであっても目指していくほかにない。

7 | 国家を超えて ——人類の倫理

　グローバル化が進展していくなかで、国家の意味やあり方も大きく問い直されつつある。さまざまな地球環境問題、経済格差の問題、戦争と平和をめぐる問題——これらは一つの国家だけでは解決できず、多くの国々の参画によってはじめて解決への道筋がつくようなものもある。その意味において、国家的な枠組みを超えた人類の正義、あるいは世界の正義と呼ばれるべきものが求められてきている。例えば、国連の「持続的な開発目標」（SDGs）は、国際的な取り組みとして具体的な目標が示されている。この目標は多岐にわたるものであるが、そのなかでも「人道支援」に関する目標に着目した場合、これは個々の国家を超えてグローバルな普遍的価値をもつものと見なされる。人間の普遍的価値のもとでは、医療、貧困、教育などの格差を是正して「人が人としてふさわしく生きる」ことを可能にするということを基本的な原則としなければならない。私たちは、この原則が国家の枠を超えてあらゆる人々に妥当する世界を目指さなければならない、ということでもある。これまで見てきたとおり、社会における格差是正は国家の役割であった。もちろん、民主主義的な自由と平等の価値を重んじる社会であれば、この基本原則は妥当なものである。多数者の専制を防ぎ、虐げられる人々を保護し、社会のなかで必要なメンバーとして受け入れなければならない。けれども、世界のなかでは民主主義的な自由と平等の価値を重んじている社会ばかりとは限らない。歴史的な経緯からその国家が独裁的な政治体制をとっていることもあるであろうし、宗教的対立の深刻な国家もある。そうした国々においては、民族的少数者、宗教的少数者が迫害されて難民を生み出すこともありうる。

このような場合、国家は「人が人らしく生きる」という原則を実現できない。そのとき、国際的な枠組みにおいてこの原則を実現していくことが求められる。

　そこで、国家の枠を超えた、普遍的な原理原則に立ち戻ってみる必要がある。「人が人としてふさわしく生きる」という原則は、その国の文化や教育のもとに自分の人生を自由に生きることができる世界である。とはいえ、その生き方の幅は、国、地域、時代によって多種多様である。かといって今の生き方として、大名の殿様のように生きる選択肢はありえない。生まれた時代や場所によって、私たちの選択肢はある程度限定されているということは否定できない事実である。そのことを踏まえて、生き方の選択肢が誰にでも開かれていること、その可能性が確保されていなければならない。その前提として、医療や貧困の最低限の格差は是正されている必要があることはいうまでもない。

　また、人生の豊かさという問題にも目を向ける必要がある。物質的な豊かさ（便利さ）を追求してきたことで、エネルギーの大量消費によって、さまざまな地球環境問題が惹き起こされてきた。これらによって、人類はもとより、他の動植物へ大きな影響を与え続けている。「人が人としてふさわしく生きる」ことは、確かに第一の原則である。だが、さらに人だけではなく地球に共生している他の動植物をも保護しなければならないはずである。なぜなら、人が人らしく生きることと同様に、他の動植物もまた彼ららしい生存のあり方があるからである。彼らの生命もまた可能な限り尊重すべきである。人類という種を優先するとしても、その過度に、必要以上に優先することで他の動植物を犠牲にすることは許されないであろう。生命環境倫理学はそうした生命の尊重という原則を含むものである。「他の動植物の生命を尊重すること」。これは第二の原則として表されうる。動植物の保全ということを考えるとき、そこには生存環境の保全も当然含まれていなければならない。それが満たされなければ、結局のところ動植物そのものの生存が脅かされてしまうことになる。

そう考えると、今日喫緊の問題となっている地球温暖化は、人類に災厄をもたらすのみならず、動植物が絶滅に追いやられる可能性をはらむものである。人類の振る舞いによって、他の動植物全体の生存を脅かすのは人類のエゴイズムにほかならない。もちろん、歴史的に見ると人類は生存と繁栄のために、農耕や牧畜などによって自然環境をつくりかえてきた。また、都市を形成するなどして人間にとっての豊かな環境をつくり出すこともできる存在である。このように環境に変化を与える存在として人類はとらえられるのである。現代では、こうした環境開発の帰結として、かえって、人類の生存と繁栄が脅かされることになるという皮肉な状況におちいっているとも考えられる。グローバルな環境問題は国際社会でさまざまに話し合いがもたれて、解決が模索されており、国家の枠を超えて考えていかなければならない問題である。とはいえ、そこには国家間の思惑や利害対立によって、解決への道のりは容易とはいえない。

　こうした点を考えると、国家的な枠組みを超えた普遍的な価値の要求に意義が見出されるであろう。つまり、国家というものは先にも触れているとおり、歴史や文化という固有な背景をもつものである。それにもかかわらず、私たちが対等で等しい人類である限り、「人としてふさわしい」生を生きるという原則を否定しえないし、同じ地球上の生命として「他の動植物の生命を尊重すること」もまた認めざるをえないはずであろう。正しさのもつ普遍性は、国家の枠を超えた妥当性を要求しうるものでなければならないのである。

8 ｜ 人間性の理念と多元的価値

　前節では、人類に共通する普遍的な価値、すなわち「人が人としてふさわしく」生きることが論じられ、これは国家の枠組みを超える可能性が示された。そこには、当然ながら「人間とは何であるべきか」という規範的な問題が前提にされていなければならないであろう。その際、単に「人間とは何であるか」

という事実的な問題を超えて、人間としての理想的な姿が思い描かれていることを意味している。これは人間性の理念として表すことができるであろう。だが、何らかの普遍的な人間性の理念を想定することは、他方で多種多様で多元的な人間のあり方や価値観と対立することになりはしないだろうか。

　ここで問われるべきなのは、人間における多種多様性や多元性によって何を意味しているのかである。私たちは、それぞれ自分に固有な価値観（や世界観）をもっているということから、そもそも多様であって全く同一の人物は存在しえない。これは日常的には個性などとも呼ばれうるものであろう。そして、その価値観（や世界観）は可能な限り尊重されるべきものである。なぜなら、誰一人として同じ人間がいないということは、機械の部品のようには取り替えのきかない存在であるということであり、各々に固有な人格的価値（かけがえのなさ）を有していると考えなければならないからである。しかし、このことは、その人の個性を無条件的に、社会的な許容範囲を超えてまで尊重されるべきことを含むものではない。端的にいえば、反社会的な価値観（や世界観）を国家社会は許容することができない。それゆえ、反社会的ではない、つまり対等かつ平等な国民全員の利益（公益）に反しない限りにおいて、個々人は自由（自分の価値観にしたがった生き方）が許される。とりわけ、メンバーの平等性に反する人種差別などの価値観を許容する余地は原理的にありえない。多種多様性や多元性は、決してあらゆるものを許容しうるものではないのである。

　しかしながら、国家社会において何を具体的な公益の内容とするかは、その国民の討議を経た合意によって定まるものである。合意に至るプロセスの際に、国家における歴史的、文化的な背景のもとで、国民は自分たちの公益というものを考える。このことから、国家の姿もまた多種多様でありうることになる。そのとき、国家の枠組みを超える普遍的な人間性の理念というものは、さまざまな国家の価値観（や世界観）と完全に一致するとは限らないであろう。それどころか、国家の正義を超えた世界の正義（＝人類の倫理）は、

国家の価値観と対立する恐れすらある。こうした対立の可能性を考慮するときに、私たちは各々の国家（国民）の自律性を尊重しつつも、理念として人類の普遍的価値の可能性を模索していくほかにないであろう。世界の正義は、人類の普遍的倫理と国家の自律的価値観との対話的関係性を通じて実現されていくべきものだと思われる。

参照文献一覧

　ここでは本書の入門書としての性格から必要最小限とし、かつ参照しやすい邦語文献のみを挙げる。

[1] アリストテレス『ニコマコス倫理学（上）』渡辺邦夫、立花幸司訳、光文社古典新訳文庫、2015 年。
[2] アリストテレス『ニコマコス倫理学（下）』渡辺邦夫、立花幸司訳、光文社古典新訳文庫、2016 年。
[3] ウィトゲンシュタイン，ルートヴィッヒ『論理哲学論考』野矢茂樹訳、岩波文庫、2003 年。
[4] ウィトゲンシュタイン，ルートヴィッヒ『哲学探究』鬼界彰夫訳、講談社、2020 年。
[5] ウィリアムズ，バーナード『道徳的な運　哲学論集一九七三～一九八〇』伊勢田哲治監訳、勁草書房、2019 年。
[6] エピクロス『エピクロス　教説と手紙』出隆、岩崎允胤訳、岩波文庫、1959 年。
[7] カッシーラー，エルンスト『シンボル形式の哲学（二）』木田元訳、岩波文庫、1991 年。
[8] カント，イマヌエル『純粋理性批判　中』原佑訳、平凡社、2005 年。
[9] カント，イマヌエル『道徳形而上学の基礎づけ』大橋容一郎訳、岩波文庫、2024 年。
[10] カント，イマヌエル『実践理性批判』波多野精一、宮本和吉、篠田英雄訳、岩波文庫、1979 年。
[11] カント，イマヌエル「人間愛から嘘をつく権利と称されるものについて」谷田信一訳、253 ～ 260 頁。『カント全集 13』岩波書店、2002 年に所収。
[12] グッドマン，ネルソン『事実・虚構・予言』雨宮民雄訳、勁草書房、1987 年。
[13] グッドマン，ネルソン『世界制作の方法』菅野楯樹訳、ちくま学芸文庫、

2008 年。
[14] サンデル，マイケル・J『リベラリズムと正義の限界　原著第二版』菊池理夫訳、勁草書房、2009 年。
[15] サンデル，マイケル・J『これからの「正義」の話をしよう』鬼澤忍訳、早川書房、2010 年。
[16] シンガー，ピーター『動物の解放』戸田清訳、人文書院、2011 年。
[17] ストウ，ハリエット・ビーチャー『アンクル・トムの小屋　上・下』土屋京子訳、光文社古典新訳文庫、2023 年。
[18] ストローソン，ピーター・フレデリック『個体と主語』中村秀吉訳、みすず書房、1978 年。
[19] ストローソン，ピーター・フレデリック「自由と怒り」、法野谷俊哉訳、31～80 頁。『自由と行為の哲学』、門脇俊介、野矢茂樹編・監修、春秋社、2010 年に所収。
[20] スピノザ，バルフ・デ『エチカ　上・下』畠中尚志訳、岩波文庫、1975 年（改版）、1951 年。
[21] デカルト，ルネ『情念論』谷川多佳子訳、岩波文庫、2008 年。
[22] デューイ，ジョン『民主主義と教育　上・下』松野安男訳、岩波文庫、1975 年。
[23] ネーゲル，トマス「コウモリであるとはどのようなことか」211～230 頁。『新装版　コウモリであるとはどのようなことか』永井均訳、勁草書房、2024 年に所収。
[24] ネーゲル，トマス『どこでもないところからの眺め』中村昇、山田雅大、岡山敬二、齋藤宜之、新海太郎、鈴木保早訳、春秋社、2009 年。
[25] 野矢茂樹「序論」、1～27 頁。『自由と行為の哲学』門脇俊介、野矢茂樹編・監修、春秋社、2010 年に所収。
[26] バークリ，ジョージ『人知原理論』宮武昭訳、ちくま学芸文庫、2018 年。
[27] プラトン「クリトン」121～173 頁。『ソクラテスの弁明・クリトン』三嶋輝夫、田中享英訳、講談社学術文庫、1998 年に所収。
[28] プラトン『国家　上・下』藤沢令夫訳、岩波文庫、1979 年。
[29] フランクファート，ハリー「意志の自由と人格という概念」、近藤智彦訳、99～127 頁。『自由と行為の哲学』門脇俊介、野矢茂樹編・監修、春秋社、2010 年に所収。

［30］古田徹也『それは私がしたことなのか　行為の哲学入門』新曜社、2013 年。
［31］ブロック，オリヴィエ『唯物論』谷川多佳子、津崎良典訳、文庫クセジュ、白水社、2015 年。
［32］ベンサム，ジェレミー『道徳および立法の諸原理序説　上』中山元訳、ちくま学芸文庫、2022 年。
［33］ホッブズ，トマス『リヴァイアサン　上』加藤節訳、ちくま学芸文庫、2022 年。
［34］ミル，ジョン・スチュアート『功利主義』関口正司訳、岩波文庫、2021 年。
［35］ミル，ジョン・スチュアート『自由論』関口正司訳、岩波文庫、2020 年。
［36］山口尚『人が人を罰するということ──自由と責任の哲学入門』ちくま新書、2023 年。
［37］ルソー，ジャン＝ジャック『社会契約論 / ジュネーブ草稿』中山元訳、光文社古典新訳文庫、2008 年。
［38］ロック，ジョン『人間知性論（二）』大槻春彦訳、岩波書店、1974 年。
［39］ロールズ，ジョン『正義論 改訂版』川本隆史、福間聡、神島裕子訳、紀伊國屋書店、2010 年。

主な人物略歴

■ア行

アリストテレス（前 384 〜前 322）
　マケドニア出身、古代ギリシャの哲学者。プラトンに学び、万学の祖と呼ばれる。主著『形而上学』『ニコマコス倫理学』。

ウィトゲンシュタイン，ルートヴィッヒ（1889 〜 1951）
　ウィーン出身のイギリスの哲学者。20世紀以後の言語哲学を飛躍させた最大の哲学者の一人と見なされている。主著『論理哲学論考』『哲学探究』。

ウィリアムズ，バーナード（1929 〜 2003）
　イギリスの哲学者。功利主義や義務論といった体系的な倫理学を批判する独自の倫理学を唱えた。主著『道徳的な運』『生き方について哲学は何が言えるか』。

エピクロス（前 341 頃〜前 270）
　ヘレニズム時代の哲学者。苦痛を避けて必要最低限の欲求の充足を最高善とする快楽主義を説いた。

■カ行

カッシーラー，エルンスト（1874 〜 1945）
　ドイツの哲学者、文化史家。新カント派から出発し、独自の文化哲学を展開した。主著『シンボル形式の哲学』『人間』。

カント，イマヌエル（1724 〜 1804）
　ドイツの哲学者。三批判書である『純粋理性批判』『実践理性批判』『判断力批判』は哲学史上の不朽の金字塔である。

グッドマン，ネルソン（1906 〜 1998）
　アメリカの哲学者。唯名論的な多元主義の立場にたち、芸術についての造詣も深い。主著『事実・虚構・予言』『世界制作の方法』。

■サ行

サンデル，マイケル・J（1953 〜 　）
　アメリカの政治哲学者。コミュニタリアンの代表的論客の一人と見なされている。主著『リベラリズムと正義の限界』。

シンガー，ピーター（1946 〜 　）
　オーストラリアの倫理学者・哲学者。現代の功利主義の代表的人物。動物倫理などの主張でも知られる。主著『実践の倫理』『動物の解放』。

ストウ，ハリエット・ビーチャー（1811 〜 1896）
　アメリカの女流作家。主著『アンクル・

トムの小屋』はアメリカの奴隷制度廃止への大きな影響を与えた。

ストローソン，ピーター・フレデリック（1919～2006）
　イギリスの哲学者。オックスフォード日常言語学派を代表する一人。カント哲学を受容して記述的形而上学と呼ばれる哲学を唱えた。主著『個体と主語』『意味の限界』。

スピノザ，バルフ・デ（1632～1677）
　オランダのユダヤ人哲学者。デカルト哲学を受容して神を唯一の実体とする神即自然の哲学体系を構築した。主著『エチカ』。

ソクラテス（前470／469～前399）
　古代ギリシャの哲学者。人々との哲学的な対話を重んじ、生涯著作を残さなかった。最期、いわれのない罪で刑死した。

■タ行

デカルト，ルネ（1596～1650）
　17世紀を代表するフランスの哲学者、数学者。近代哲学の祖とも呼ばれる。主著『方法序説』『省察』。

デモクリトス（前420頃）
　古代ギリシャの自然哲学者。分割不可能なアトモン（原子）と、それが運動するための空虚（ケノン）の存在を唱えた古代原子論者。

デューイ，ジョン（1859～1952）
　アメリカの哲学者。プラグマティズムの立場から、思考を生活の道具とみなす道具主義を唱えた。主著『民主主義と教育』。

■ナ行

ネーゲル，トマス（1937～　）
　アメリカの哲学者。現実世界が人間の認識できないものをも含み込むと考える独自の実在論的立場をとる。主著『どこでもないところからの眺め』。

■ハ行

バークリ，ジョージ（1685～1753）
　アイルランドの哲学者、英国国教会の牧師。経験論的立場の考察を通じて観念論の立場に至った。主著『人知原理論』。

プラトン（前428／427～前348／347）
　古代ギリシャの哲学者。ソクラテスの弟子。イデアという真の実在について論じた。主著『ソクラテスの弁明』『パイドン』『国家』。

フランクファート，ハリー・ゴードン（1929～2023）
　アメリカの哲学者。自由意志論に寄与したとして知られ、人間の欲求の階層性に着目した議論は大きな影響を与えた。主著『不平等論』。

ヘア，リチャード・マーヴィン（1919 〜 2002）
　イギリスの倫理学者、哲学者。道徳的言語の分析を通じて指令主義の立場を提唱した。主著『道徳の言語』『道徳的に考えること』。

ベンサム，ジェレミー（1748 〜 1832）
　イギリスの哲学者、政治家。功利主義の創始者。主著『道徳および立法の諸原理序説』。

ホッブズ，トマス（1588 〜 1679）
　イギリスの哲学者。契約論的な国家理論の創始者。主著『リヴァイアサン』。

■マ行

ミル，ジョン・スチュアート（1806 〜 1873）
　イギリスの哲学者。ベンサムの功利主義の継承者。主著『自由論』。

■ラ行

ルソー，ジャン＝ジャック（1712 〜 1778）
　ジュネーブの哲学者。直接民主政による契約論的国家を論じた。主著『人間不平等起源論』『社会契約論』。

ロック，ジョン（1632 〜 1704）
　イギリスの哲学者。経験論哲学を理論化したばかりでなく、政治哲学においても著名。主著『人間知性論』『統治二論』。

ロールズ，ジョン・ボードリィ（1921 〜 2002）
　アメリカの政治哲学者。現代政治哲学での規範的な理論を復活させた。主著『正義論』『政治的リベラリズム』。

人名索引

■ア行

アインシュタイン　18
アリストテレス　43, 51, 73, 74, 98
ウィトゲンシュタイン　23, 26, 49
ウィリアムズ　79, 91, 92
エピクロス　33
エンゲルス　35

■カ行

カッシーラー　14, 50
カント　54, 61, 62, 64, 65, 74, 75, 83-86, 88, 89, 99, 100
グッドマン　20-23, 64, 66

■サ行

サンデル　87, 90
シンガー　79, 102
ストウ　118
ストローソン　v, 43, 57-59, 63
スピノザ　39-41
ゼノン　73
ソクラテス　73, 75

■タ行

デカルト　24, 25, 32

テセウス　45
デモクリトス　33
デューイ　122

■ナ行

ニュートン　18
ネーゲル　18, 19, 39, 41, 42, 46, 59, 140
野矢　55

■ハ行

バークリ　37
ヒルティ　75
フェルディナンド I 世　86
プラトン　22, 25, 73, 75, 98, 112, 116, 122, 123
フランクファート　64
古田　58
ブロック　35
ヘア　80
ベンサム　75-77, 81
ホッブズ　94, 111, 112

■マ行

マルクス　35
ミル　67, 80-82

137

■ヤ行

山口　57

■ラ行

ラッセル　139
ルソー　107, 108, 111, 115, 116
ロック　43, 44, 47
ロールズ　90, 117, 120, 121

あとがき

　本書は、すでに通読していただいた方にはお分かりのことと思いますが、哲学・倫理学に関する知識を学ぶためというよりも、哲学・倫理学がどのような問題を取りあつかい、それをどのように思考するかという道筋を主として書かれています。そのため、手っ取り早く知識を仕入れたいという人に向けては書かれていません。（もちろん、これはそうした知識を軽視しているという意味ではまったくありませんし、議論を深く理解するためにも多少の知識があった方がよい場合もあることでしょう）。「はじめに」でも述べたとおり、哲学・倫理学に関する予備知識がなくても理解できるように書いたつもりです。本書が入門書として目指したのは、もっとも身近な題材を手がかりにしながら、地道な思考を積み重ねて物事を明らかにしようとする哲学的な営みを披歴してみせることであり、そのことを通じて哲学的に考えることに読者を案内することです。当然ですが、筆者の意図が上手くいっているかどうかの判断は、読者のみなさんに委ねられています。

　筆者にとっては、本書が専門書、入門書を含めて初の単著となります。執筆の際に一つの理想としたのは、バートランド・ラッセルの『哲学入門』（髙村夏輝訳、ちくま学芸文庫）でした。この入門書は非常に明晰で分かりやすく、哲学を知らない読者でも哲学的な思考へと導いてくれる名著です（知識の習得ではなく、哲学的に考えさせるという点に関しても本書と通じます）。本書がラッセルの名著に及ばないことは自覚していますが、筆者がみずからの論述をするにあたっては、ラッセルの入門書のもつ明晰さや分かりやすさを心に留めていました（それがどこまで実現できているかは定かではありませんが）。そのうえで、哲学の初心者を読者として想定して書くということには、想像以上の難しさを感じたのも事実です。議論の展開を書き著す

際にも、クドクドと議論の細部にまで立ち入ってしまっては、読者はついて来られない（ウンザリしてしまう）でしょうし、かといって細部をばっさりと切り棄ててしまうことも議論の精緻さを犠牲にすることになります。こうした点に関して、執筆時には逡巡することもしばしばありました。要するに、この両者のバランスをどうとるかで、絶えず悩まされたというのが正直なところです。また、本書であつかっているテーマは非常に幅広く多岐にわたっていますので、議論の筋道をもう少し明瞭にできていればと思う箇所も少なくありませんでした。そうはいっても、哲学や倫理学を教える立場になって、入門書あるいはテキストを執筆することは筆者にとっての長年の目標でした。拙い点があることは認めながらも、まずはこうしてかたちになったことは望外の喜びにほかなりません。

　さて、内容面について言及すると、本書はトマス・ネーゲルの哲学から大きな影響を受けています。ネーゲルの主著『どこでもないところからの眺め』（中村昇他訳、春秋社）は、執筆のうえでは常に念頭に置かれていた哲学書の一つです。それはネーゲルの哲学を擁護しているというよりも、むしろ反対にネーゲルの哲学とは異なる（批判的な）立場に立っているという意味においてですが。つまり、ネーゲルはいわずと知れた実在論者ですが、本書はそれを批判する立場にあります。筆者は、どちらかというと観念論的な立場に近いため、慧眼の読者であれば、その観点から種々の議論に批判・検討を加えていることにお気づきのことと思います。かりに内容的な特色があるとすれば、その点かもしれません。とはいえ、どのような哲学的問題も困難であって容易に答えを見出せるものではないので、一応結論めいたことは述べていますが、はっきりとした一つの答えを与えるものではありません。本書の拙い議論については、読者をはじめ諸氏のご批判を乞う次第です。

　ここからは私事になりますが、本書の刊行にあたっては、まずは家族に感謝したいと思います。執筆に本格的にとりかかったのが、ちょうど妻が第二子の出産を終えていくばくもない時期にあたり、近隣に頼れる親類がいな

いなかで育児に奮闘している最中でした。こうした状況で筆者もあまりまとまった執筆時間を確保できずに思い悩むこともたびたびでしたが、妻の方はそれどころではなかったと今思い至ることしきりです。そのため、哲学書としてはささやかな本ですが、今の私にできることを尽した結果です。そして、こうして無事に刊行まで漕ぎつけられたのは、ひとえに妻そして子供たちのおかげです。

　それから、以下に記して感謝を申し上げます。第一に、大学院時代からの二十数年にわたる長い学恩を賜った東北大学名誉教授座小田豊先生。日頃からお世話になっている研究室の先輩である日本大学の菅原潤さん、弘前大学の横地徳広さん。東北大学哲学・倫理学合同研究室に関係する皆さん。勤務校の一関工業高等専門学校の同僚の皆さん。特に元同僚の一関工業高等専門学校名誉教授渡辺仁史先生には、専門分野は異なるものの、本書の執筆にあたりくり返し温かい励ましの言葉をいただきました。そして、本書の企画のはじめから出版に至るまで、さまざまな手はずを整えてくださった現代図書編集部の荒井寛子さん。ありがとうございました。

　最後に、哲学という決してたやすい道とはいえない学問へ息子が進むことに、理解を示し続けてくれた両親に本書を捧げます。

　　令和7年2月28日

　　　　　　　　　　　　　　　　　　　　　　　　千田　芳樹

■ 著者略歴

千田　芳樹（ちだ　よしき）

1977 年、宮城県仙台市生まれ。2008 年、東北大学大学院文学研究科博士後期課程単位取得満期退学。2009 年、東北大学博士（文学）。現在、一関工業高等専門学校准教授。専門は哲学・倫理学。

【著作】

『ドイツ哲学入門』（執筆分担、ミネルヴァ書房、2024 年）

『見ることに言葉はいるのか――ドイツ認識論史への試み』（執筆分担、弘前大学出版会、2023 年）

『21 世紀の哲学史――明日をひらく知のメッセージ』（執筆分担、昭和堂、2011 年）

世界・自由・倫理　――哲学的に考える

2025 年 3 月 21 日　初版第 1 刷発行

著　者　　千田　芳樹
発行者　　池田　廣子
発行所　　株式会社現代図書
　　　　　〒 252-0333　神奈川県相模原市南区東大沼 2-21-4
　　　　　TEL　042-765-6462　　　　　FAX　042-765-6465
　　　　　振替口座　00200-4-5262
　　　　　https://www.gendaitosho.co.jp/
発売元　　株式会社星雲社（共同出版社・流通責任出版社）
　　　　　〒 112-0005　東京都文京区水道 1-3-30
　　　　　TEL　03-3868-3275　　　　　FAX　03-3868-6588
印刷・製本　株式会社アルキャスト

落丁・乱丁本はお取り替えいたします。
本書の一部または全部について、無断で複写、複製することは著作権法上の例外を除き禁じられております。

©2025　Yoshiki Chida
ISBN 978-4-434-35276-8　C3010
Printed in Japan